蓮池藩《はすのいけはん》

―その領土が多数の地域で構成されたのは？―

田中　耕作

◎初代直澄が眠る（正献院）～宗眼寺

◎四代直恒が眠る（龍華院）～宗眼寺

◎八代直與《なおとも》が眠る（天照院）～宗眼寺

○蓮池公園内を流れる河、多分ここから有明海を通り塩田に着いたと思われる。

○雲《うん》菴《なん》道《どう》人《じん》帰《き》田詩《でんのし》碑

○直澄が島原出兵に際し持ちかえったキリシタンの石柱

塩田、吉浦神社の表門、これより本殿までは凡そ200段の階段がある。

入口から200段ほど登ったところにある本殿

吉浦神社本殿の遠景

直澄の五女楽女は島原に嫁したが、夫死亡し実家に帰り、
ここ塩田に光桂禅寺をおこし、その開基となった。

清涼山　光桂禅寺
光桂寺は臨済宗(禅宗)妙心寺派に属し、本尊は釈迦牟尼仏である。

当寺は蓮池初代藩主直澄公（正献院殿）の五女で昭圭禅尼が直澄公及び、自分の夫君の菩提をとむらうために、閑基となって建立した寺である。直澄公の山荘があった由緒地である。　昭圭禅尼は承応三年に佐賀城に生まれ寛文九年に十四才で島原城主松平忠房公の若君で好房公に嫁したが、十六才の時好房公が没した為、剃髪し京都の妙心寺に入り、月山昭圭禅尼と号した。宝永五年建立。清涼山とは夫君清涼院殿の院号にちなむものである。

また開山は洞天大和尚である。

寺宝に昭圭禅尼、直澄公の遺品、自画像等が数点残っている。門前には石造仁王像があり町内では一番古く、平川与四右衛門、陣内善次良の作で陣内の作は佐賀県では一つしかなく貴重な作である。（高さ約二米五十）

境内には地蔵堂があり地蔵菩薩（高さ約二米五十）で安産の守り地蔵として、町内外より、安産祈願の信者が多い。

また鐘楼には大釣鐘があり、高さ約一米、直径七五糎、重さ約七五舭で慶応三年の作この釣鐘は太平洋戦争の時、金物供出の勧告を受けたが、当時の住職祖伝尼が上京して当局に仏道における鐘の真義を述べ、鐘は人間の心の灯、大臣も末踏の境地を極めよと逆に説き遂に初志を貫き供出しなかったという、有名な日因縁の鐘である。

本堂裏には、枯山水の庭園有り。

平成十年記す

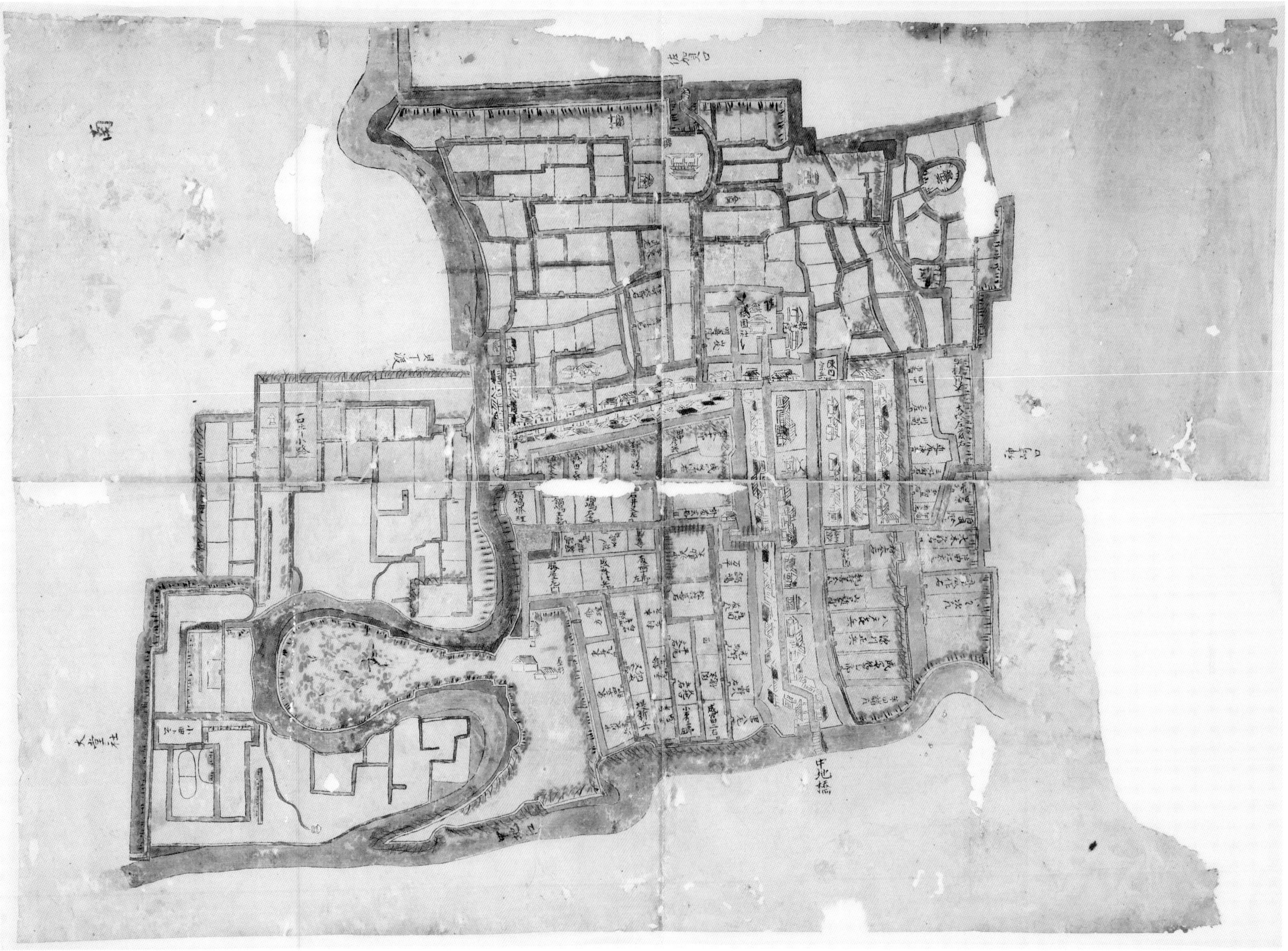

○蓮池城下絵図（小城市教育委員会蔵）

謎の蓮池藩実像に迫る

城下町や屋敷に家臣名

江戸中期の古地図発見

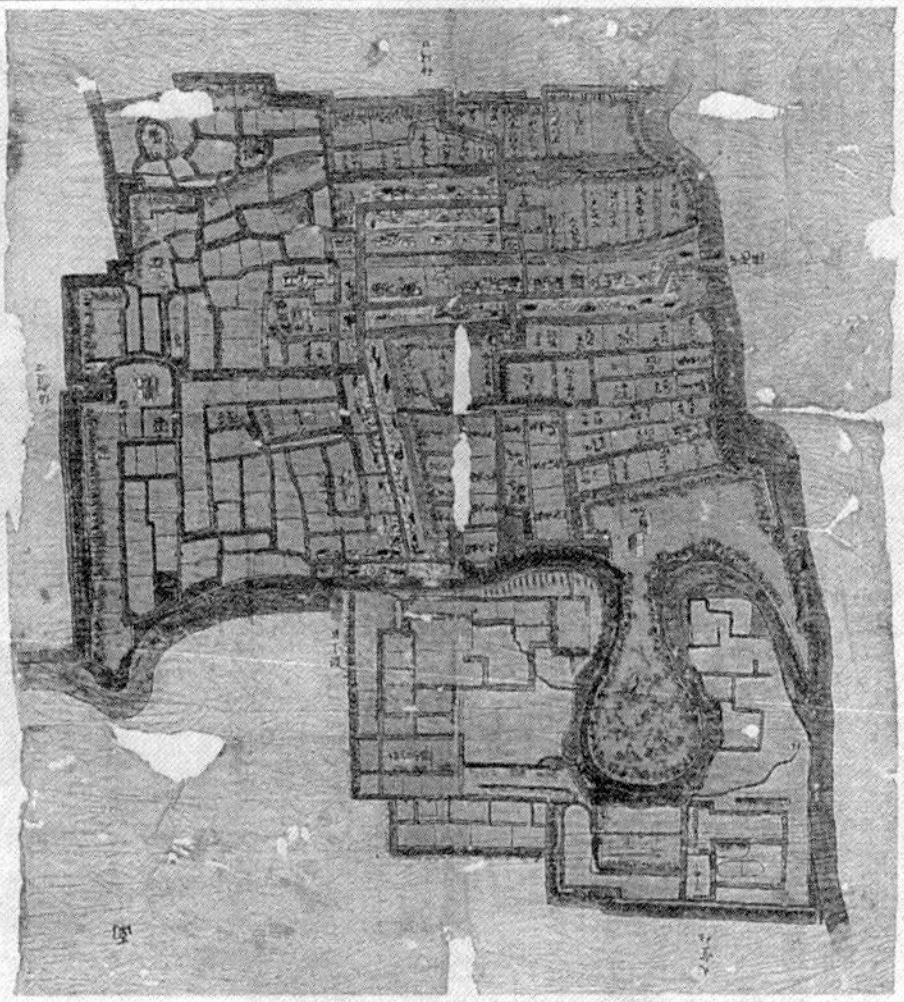

蓮池藩の城下町の地図。右の下部に蓮池城や小曲館が描かれ、中央には武家屋敷群がある。主要な通りには町家が立ち並んでいる（小城市文化課提供）

佐賀市蓮池町にあった約1キロ四方の城下町を描いた江戸中期のものとみられる古地図が見つかった。蓮池藩の蓮池城周辺を描いた近世の地図が確認されたのは初めてで、通りに並ぶ町家の建築様式や、武家屋敷に住む家臣の名が記されている。調査した佐賀大学の宮武正登教授（54）＝日本中世史・城郭史＝は「『謎の城下町』の実像に迫る貴重な手掛かり」とみている。6月10日から小城市立歴史資料館で始まる「新収蔵品展」で展示される。

地図は小城市文化課が昨年6月、旧小城藩家老の西家にあった資料群として、市内の古美術商から購入した15点のうちの一つ。和紙を4枚貼り合わせ、大きさは縦79センチ、横56・5センチ。のりが剥がれて分かれていたが、修復された。

蓮池藩は佐賀藩の支藩で、初代藩主は佐賀藩主鍋島勝茂の息子の直澄。地図には、直澄の兄弟で、後に小城藩の初代藩主になる元茂が生まれた「小曲《こまがり》館《やかた》」も記載され、「小曲卜云《という》」と書かれている。小曲の地名がこの時代の地図で確認されたのは初めてという。

作成者が記されず、作った目的や詳しい年代も定かでないが、武家屋敷には家臣らの名が書き添えてあるため、別の史料などと突き合わせて確認すると、時代を絞れる可能性がある。

宮武教授は「現存する水路や寺社も描かれている。地図を片手に町歩きをするなど、町おこしにも活用できるのでは」と話す。

展示は6月25日まで。問い合わせは小城市立歴史資料館、電話0952（71）1132。（花木芙美）

○その発見を伝える記事

目次

蓮池城下絵図
蓮池地区の概要……1
蓮池藩歴代藩主……6
本書の概要……8

まえがき……9

初代藩主　鍋島直澄……10
四代藩主　鍋島直恒……56
八代藩主　鍋島直與……88
資料一　雲菴道人帰田詩碑……108
あとがき……117
資料一覧……120

概要

最初に諸史料とは別に、蓮池地区の概要と歴代藩主を紹介しておきます。
又、八代直與《なおとも》に関係のあった寺社奉行についての解説も掲示しておきます。

蓮池藩の概要（城下、城跡等）について、まず紹介しておきます。（出典　佐賀県の地名　平凡社）

蓮池城下《はすのいけじょうか》　㊊佐賀市蓮池町《はすいけまち》大字蓮池

蓮池の地には中世に小田氏の居城があり、中国（明）の「図書編」にも「法司好一計」と記されている。竜造寺氏・鍋島氏の支配下においても元和元年（一六一五）の一国一城令まで城郭が築かれていた。

寛永一六年（一六三九）佐賀藩主鍋島勝茂はその子直澄に分封して蓮池支藩（五万三千石）が成立。城跡に御館《おやかた》がつくられた。郭内（城内）とその周辺に湿田があり、外側に本《ほん》町・城原《じょうばる》町・神埼《かんざき》町・魚《うお》町などの町を配して小城下町が形成される。佐賀江の北部地域である。佐賀城下と同様に、これらの町にも武家身分の者が住んでいた。

明治七年（一八七四）の大小区制では第十大区第一小区内に「蓮池村」（蓮池郭内・城原町・神埼町）、「東西村」（蓮池本町・蓮池魚町・蓮池西小路）が記されている（肥前国佐賀県管内各区郡村市坊等取調帳）。佐賀郡に属していたが、蓮池支藩は神埼郡内に多くの支配地があったため同一七年この地域も神埼郡に属し、同二二年の町村制の施行により同郡蓮池村となる。のち昭和三〇年（一九五五）佐賀市に編入された。

なお正保絵図・天保郷帳などの蓮池村はこの一帯をさす。

蓮池城跡《はすのいけじょう》 ㊎佐賀市蓮池町大字蓮池

もと小田氏の居城で応永年間（一三九四―一四二八）小田直光の築城。天文二二年（一五五三）竜造寺隆信がこれを攻めて下し、永禄一一年（一五六八）には隆信の弟長信を城に入れて小田氏を多久《たく》に移した。のち小田鎮光が滅ぼされると、竜造寺家晴が入城した。

天正一二年（一五八四）隆信が戦死後、鍋島直茂も一時駐屯し、嫡子の勝茂も江上家家種の養子としてここに住んだ。慶長絵図に佐賀城に相当する「竜造寺城」とともに「蓮池城」が明記されている。当時二つの城が存在したわけで、勝茂の子の元茂（小城支藩祖）も慶長七年（一六〇二）蓮池城で生れた。幕府の一国一城令によって元和元年（一六一五）蓮池城の天守・矢倉などが壊され、佐賀城の本丸・二の丸に材料を移したことが勝茂の鍋島生三あての文書によってわかる（坊所鍋島家文書）。

寛永一六年（一六三九）勝茂が子の直澄に分封して蓮池支藩が創設されると藩の屋敷が設けられ、

御館《おやかた》とよばれた。城は築かれなかったが城跡に設けられたので外郭・中郭・内郭に分かれ、佐賀江・クリーク・堤塘上の土塀に囲まれていた。現在この一帯は蓮池《はすいけ》公園となっているが、天賜園とよばれた名園もあり、成章館《せいしょうかん》などの教育施設もあった。別称小曲《こまがり》城、芙蓉《ふよう》城。

蓮池郭内《はすのいけこうない》　㊐佐賀市蓮池町大字蓮池

蓮池支藩の藩主の館を中心とする城内地域。南は蛇行する佐賀江、東は中地江《なかちえ》川、北および西には掘割が並び地域内にも東西南北に掘割が走り、現在も蓮池《はすいけ》公園を中心として城郭的色彩を残している。佐賀藩の支藩である蓮池藩五万三千石の中枢。

蓮池公園内には藩主鍋島直与（雲叟）が隠退後に作った天賜園とよばれる庭園がある。彼は詩歌書画に優れ、隠退する際「帰田之詩」一〇編を石に刻んで残した（帰田詩碑）。

蓮池神社は明治一〇年（一八七七）に建立された蓮池累代藩主を祀る神社であり、正覚山宗眼《そうげん》寺は曹洞宗の寺で明暦年間（一六五五－五八）に鍋島直澄が建立し、藩主累代の菩提所であった（正覚山宗眼寺之記）。

成章館跡《せいしょうかんあと》　㊐佐賀市蓮池町大字蓮池

蓮池城内にあったが、嘉永五年（一八五二）の火災によって焼失し北名《きたみょう》に再建された。蓮池支藩の藩校で鍋島直温が天明四年（一七八四）に創設。数十名を選抜して寄宿舎に入れて教育を行った。

その子直与も教育熱心で、同支藩の飛地である藤津郡の塩田（現藤津郡塩田町）からも家臣の子弟をよんで学ばせた。文武の教育にあたり、武芸稽古所の攬英《らんえい》堂も設けている。明治維新後も芙蓉小学校としてそのまま維持された。

寺社奉行《じしゃぶぎょう》

［中世］鎌倉・室町幕府において寺社関係の訴訟を扱った役職。また幕府と関係の深い寺社に個別に配置されて、寺社内部の紛争の処理や幕府への訴訟の取次ぎなどに当たった奉行人《ぶぎょうにん》（別奉行《べつぶぎょう》）をもいう。相互に関係があるが、便宜的に二つに分けて記す。

①前者は一一九四年（建久《けんきゅう》五）五月、右京進《うきょうのじょう》中原季時《なかはらのすえとき》が寺社の訴えを執《と》り申《もう》すべきことを命じられた「吾妻鏡《あづまかがみ》」の記事を初見とし、鎌倉幕府では太田時連《おおたときつら》や二階堂貞雄《にかいどうさだかつ》などがこの職についており、訴訟事務の練達者が任じられる重職であった。六波羅探題《ろくはらたんだい》にもこれが置かれ、建武《けんむ》政権下では北《きた》畠顕家《ばたけあきいえ》の欧州将軍府《おうしゅうしょうぐんふ》にもみえている。室町幕府にも早くから数名の奉行人がこの職に任じられ、神官《しんかん》、神人《じにん》、僧侶《そうりょ》の任免、社寺の訴訟処理に当たっているが、禅寺《ぜんじ》に関しては禅律方頭人《ぜんりつかたとうにん》、禅律奉行《ぜんりつぶぎょう》を置いて住持《じゅうじ》の移転や法儀などのことを沙汰《さた》させており、また寺奉行《てらぶぎょう》と社家奉行《しゃけぶぎょう》の職務分掌も認められる。しかし足利義満《あしかがよしみつ》以降の将軍親裁《しんさい》体制の整備につれ、しだいに各寺社別に置かれた奉行人の活躍が目立つようになる。なお鎌倉府《かまくらふ》にもこれが置かれており、戦国大名のなかにもこれを任じたものがある。

②別奉行としての寺社奉行の前例は、「吾妻鏡」建久五年十二月、鶴岡八幡宮《つるがおかはちまんぐう》をはじめとする鎌倉中の御願寺《ごがんじ》の奉行人として大庭景能《おおばかげよし》以下各数名の御家人《ごけにん》を定めたことを初見とし、しだいに幕府と関係の深い東国《とうごく》の寺社、日光《にっこう》、宇都宮、箱根《はこね》、伊豆山《いずさん》、三島《みしま》、熱田《あつた》、諏訪《すわ》などにも奉行人が配置されるようになり、将軍家の祈禱《きとう》や所領寄進《きしん》、寺社内部の訴訟処理に当たったものとみられる。

日本史大辞典（平凡社）

次に蓮池藩の歴代藩主を掲げておきます。（出典　蓮池藩日誌）

（　）は法号
○の数字は代数

蓮池藩歴代藩主

①　甲斐守〔本藩主勝茂三男〕
鍋島直澄《なおずみ》（正献院）
◦千熊丸・加賀守・義峰
◦元和元年（一六一五）十一月誕生
◦在位、寛永十六年（一六三九）〜寛文五年（一六六五）
◦寛文九年（一六六九）没す（五十五歳）

②　摂津守〔直澄嫡男〕
直《なお》　之《ゆき》（要玄院）
◦千熊丸・摂津・了関
◦寛永二十年（一六四三）誕生
◦在位、寛文五年（一六六五）〜宝永五年（一七〇八）
◦享保十年（一七二五）没す（八十三歳）

③　甲斐守〔直澄五男〕
直《なお》　稱《のり》（大応院）
◦熊之助・之紀・主税・哲通
◦寛文七年（一六六七）誕生
◦在位、宝永五年（一七〇八）〜享保二年（一七一七）
◦元文元年（一七三六）没す（七十歳）

④　摂津守〔直稱嫡男〕
直《なお》　恒《つね》（龍華院）
◦左京・主税・稱就
◦元禄十四年（一七〇一）誕生
◦在位、享保二年（一七一七）〜寛延二年（一七四九）
◦寛永二年（一七四九）没す（四十九歳）

⑤　甲斐守〔直恒嫡男〕
直《なお》　興《おき》（大慈院）
◦直之助・直賢
◦享保十五年（一七三〇）誕生
◦在位、寛延二年（一七四九）〜宝暦七年（一七五七）
◦宝暦七年（一七五七）没す（二十六歳）

⑥　摂津守〔直恒四男〕
直《なお》　寛《ひろ》（蟠龍院）
◦虎八・満八・主税
◦延享三年（一七四六）誕生
◦在位、宝暦七年（一七五七）〜安永二年（一七七三）
◦安永二年（一七七三）没す（二十八歳）

⑦
甲斐守〔直寛嫡男〕
直温《なおはる》（成箇院）
。常丸・直三郎・直侯
。明和三年（一七六六）誕生
。在位、安永二年（一七七三）
　～文化十三年（一八一六）
。文政八年（一八二五）没す
　（六十歳）

⑧
摂津守〔本藩主治茂四男〕
直與《なおとも》（天賜院）
。愛吉・主税・雲叟・鷲翁
。寛政十年（一七九八）誕生
。在位、文化十三年（一八一六）
　～弘化二年（一八四五）
。元治元年（一八六四）没す
　（六十七歳）

⑨
甲斐守〔直與嫡男〕
直紀《なおただ》
。統丸・統太郎・直統
。文政九年（一八二六）誕生
。在位、弘化二年（一八四五）
　～明治四年（一八七一）
。明治二十四年（一八九一）没す
　（六十六歳）

直柔《なおとお》
（本藩主直正三男）
。のち子爵

直和《なおかず》
（直柔嫡男）
。元子爵

直方《なおかた》

直輝《なおてる》

本書の概要

参考にした文献は蓮池藩日誌である。

日誌の由来は、少し説明がいる。もともと「蓮池日史略」「芙蓉旧話」などの源泉になって藩の内庫所にあった請役所日記が中心であったが、その内容が蓮池藩の日誌からの抜すいでありその範囲が蓮池城下のみならず千代田町、諸富町、嬉野町、塩田町、伊万里市の一部、武雄市の一部などを含むものであるので、「蓮池藩日誌」としたと言われている。なお著わした人は旧藩士で碩学の永田暉明である。

この資料の中から、まずは苦心の末誕生した藩の初代藩主鍋島直澄《なおずみ》のありよう、本藩六代藩主宗教に不安を持って行動を起こし、それが思わぬ波紋を呼んだ四代直恒《なおつね》、幕府の寺社奉行にとりざたされた八代直與《なおとも》、この三人を画くことにより蓮池藩の大きな流れを垣間みようとした試みであるが、なにしろ知識、能力とも乏しく意のままにならなかったこと悔んでいる。

まえがき

ふりかえると、六十二歳の時「初期の鍋島佐賀藩」を書いて以来二十年が過ぎた。年月のうつろいの早いのに今更驚いている。

当然ながら、脳力も体力も低下した。二十年目に十冊目を出して筆を納めるつもりであった。しかし、何となく自著をふりかえっていると、「蓮池藩」が気になりだした。それは、藩制当初、初代藩主勝茂が三男直澄を本藩主にと企てたが高級藩士の反対で実現できなかったことである。そういう背景を考えていると蓮池藩づくりに執心した勝茂の心が何となく分かる気がしてきた。それに四代直恒、八代直與はともに非凡な藩主であったことが、私の背を押した。恥を恐れず執筆した理由である。

以上、ごあいさつといたします。

著者

蓮池藩（その領土　蓮池・塩田・嬉野・若木）

初代藩主　鍋島直澄のこと

蓮池藩の誕生には佐賀藩出発時の複雑ないきさつがある。ご多聞にもれず藩の財政が厳しかったことがひとつ。更には勝茂の長子忠直が二十三歳で病死したことが重なる。なお、勝茂の庶長子元茂は小城藩の初代藩主である。

なお、忠直の早世は当時死の病といわれた疱瘡によるものであった。

藩の実情と忠直の急死は蓮池藩の成立に一見何の関係もないように見えるが、実はそうではなかった。以下その関連を述べる。忠直には当時四歳の男子があった。幼名翁助である。

順序として庶長子元茂から入らねばならない。勝茂には最初、戸田民部小輔勝隆《ゆら》の娘（天誉妙善大姉）が豊臣秀吉の養女として嫁してきている。この人のお付き侍女が元茂の母である。

しかし、この正室は慶長八年（一六〇三）二十歳で死去している。なお元茂の母となった侍女は、正室死去の前年に他界している。かねて勝茂の子を宿した頃から「自分は身分が低いので、若し男の子が生まれれば、何かと差しさわりがあってはいけないので」と死を望んでいたと伝えられる。何やら男の身勝手とそれにも負けず心をきめる女性のすさまじいばかりの気迫を感じさせる。恐らくは産後の処理も十分に尽さず、自殺同然であったと伝えられてもいる。さて勝茂である。天正八年（一五八〇）父直茂、母陽泰院にとってははじめての男子として生まれている。ようやくにして世継ぎを得た両親の喜びが伝わってくる。それまでは女子ばかりで、あきらめて陽泰院の里、石井氏から茂里という男子を養子にしたくらいであるから、その喜びの程《ほど》が察せられる。この時代、武将にとって世継が生まれることは次代を託すことの保証であり、きわめて重要なことであった。

勝茂は戦国武将の子息として、まずは十七歳の時朝鮮出兵の一員となることを願い許されている。まずは武将として順調な出発であった。しかし、佐賀藩は、その出発にあたって財政逼迫《ひっぱく》という大問題に直面していた。まずは幕府の普請手伝いである。このことは幕府が諸藩の財力をそぐ手段であったとも言われている。

最も有名な例は、これより時代は下がるが、宝暦三年（一七五三）薩摩藩（七十万石）に命じられた手伝普請である。それは木曾・長良・伊尾の三大河川の普請であり、六十万両に及ぶ借財に喘《あえ》いでいたこの藩はさらに四十万両という費用を負担し工事に当ることになる。この時家中ではいっそ幕府と戦うべしという強硬論もあったといわれる。この工事の総奉行をつとめた平田靭負《ゆきえ》は工事終了後切腹して果てている。

さて、佐賀藩である。慶長十一年（一六〇六）には江戸城普請、同十二年（一六〇七）には駿府普請、同十三年佐賀城普請《ふしん》をはさんで寛永元年（一六二四）大坂城石垣普請と過酷なまでの財政支出を余儀なくされる。俗に「無い袖は振れぬ」という。しかし関ヶ原で西軍についた負い目があるから、勢い幕府の命に唯々《いい》諾々《だくだく》と従う以外にない。直轄地からあがる収入だけでは、これら幕命により生じた費用に対応できない。そこで、これらの支出のため、慶長十六年（一六一一）と元和元年（一六一五）にわたり家臣の知行地からその三〇%をとりあげ（三部上地）、蔵入地の不足を補った。

なお、二回目の三部上地は旧龍造寺四家（多久、武雄、須古、諫早）にのみ課している。

さて、財政問題をしばらく離れてもうひとつの問題である相続に話を移す。一般に近世においては、嫡出の長男は出生届により当然嫡子すなわち世継としての身分を取得した。

そしてその嫡子が早世した時には、孫子の中から嫡子を選定して願い出るべきこととされていた。（願出嫡子）

そのような制度はともあれ、勝茂の胸中にあるのは直系で当然相続権のある四歳の翁助（忠直長子）があまりにも頼りなく見えることであった。つまり、人によっては幼少から将来が楽しみだなと思わせる言動をすることがあるが、翁助にはそのような姿が少しも見えないことであった。

そういう思いもあって、忠直より二歳年下の三男直澄を次の藩主にという考えが強かった。

しかし結論からいうと勝茂の目論見《もくろみ》は、小城城藩主の鍋島元茂（勝茂の庶長子）や多久領の領主・多久茂辰《しげとき》（龍造寺長信の曽孫）等藩の有力家臣の反撥により潰《つい》える。その情況を「光茂公譜考補地取」から抜粋する。原文を掲げ、大意を付記する。寛永十三年（一六三六）の頃である。

まずは佐賀藩江戸屋敷で時の老中土井大炊頭に直澄を面談させ、次の藩主としての認識を得たいと策したのである。

ところが次のような経過をたどり勝茂の意図は末前にさまたげられる。以下、土井大炊頭の御面談に始まる。

「勝茂公、土井大炊頭殿ヲ御招請被成候、干時紀伊守元茂小倉女ニ御密談有テ、翁助様ヲ小倉奉懐、元茂御付、御書院ニ不計御出被成、是ハ肥前守嫡男翁助ト申候ト、元茂公御会釈有リケレバ、大炊頭御面談有之、肥前守殿御嫡男ノ由、是コソ御家御長久、目出度存候由御取合セ、今度元茂小倉へ御密談有リ、不計御書院ニ御出被成候ハ、忠直公御逝去ノ後、翁助様御代御継被成間敷ノ儀有之ニ依テ、元茂此節大炊頭殿へ御面談被成置レ可然ト、小倉へ御下知有ヲ不計御出被成候、光茂公此儀ヲ被聞召、元茂ノ御一生御大切ニ被成候」

もともと勝茂の思惑は、この日直澄を土井大炊頭に面談させ、世継ぎの地ならしをというものであったが、元茂の鋭い閃《ひらめき》が、それを阻《はば》んだのである。以下原文の大意を述べる。

「勝茂公が、江戸藩邸に土井大炊頭をお招きになった。これを察知した小城藩主・鍋島元茂（勝茂の庶長子）は、翁助を育てていた小倉女とひそかに話し合い、小倉に大炊頭が書院に入られた時、翁助をだいて入ってくるように、と命じた。そして元茂「是は肥前守の嫡男で翁助と申す者です」と紹介した。大炊頭は「肥前守殿の嫡男とはお目出度い。お家長久である」と答えた。このたびの元茂の計略は「忠直公逝去の後、翁助様が世継にならないのではないかという風評があったからである。これを知った翁助は元茂のことを一生大事に思われた」ということになろうか。

いずれにしても元茂の演出は見事に功を奏した。なお、小倉女とは、翁助の母恵照院の伯母で、心血を注いで翁助を養育し、恰《あたか》も将軍家光の乳人《めのと》春日局の此すべき賢婦人といわれた。

このような経緯はあったが、勝茂はなお、直澄にこだわるのである。家督をゆずるために、諸事惣領の格で遇し、政務や国のことなど任せるようになる。そして直澄と松平伊豆守の息女との縁談が整っていたのを断り、忠直の妻恵照院を直澄に再嫁させる方途を講ずるなど、世継としての形を整えていく。そして直澄は寛永十二年（一六三五）諸太夫に任ぜられ甲斐守直澄と名のることになる。

なお、松平伊豆守は当時、「知恵伊豆」と称えられた老中で、その娘を嫁にもらうことは藩にとっては大きな利点があったと思われるが、それを放棄しても直澄を世継にという勝茂の執念がみえてくる。

余談にわたるが、後、寛永十四年（一六三七）島原の乱が起こり、鍋島勢が軍令違反に問われた時、幕府の軍監として出陣していた松平伊豆守が、佐賀藩に不利な証言をしているが、これはこの時のことが伏線にあったと伝えられている。

話を戻す。光茂公譜考補地取にはこのあと次の記述が続く。原文で紹介し大意を記す。

「公段々御成長ナサレケレトモ、勝茂公思召入アツテ、御国家ハ何レ直澄殿へ御譲リ被成、公ハ御同人被取立御隠居被成トノ御内存ニテ、多久美作守《たくみまさか》へ被御密談ケル処、美作申上ケルハ、直澄様モ御子様ニテ無御拠御事ナレトモ、翁助様ハ忠直公ノ御一子御嫡孫無其紛、右ヲ被差置、御国家ヲ直澄様へ可被相譲レノ儀、於某ハ心服難化由申上ケリ、依之勝茂公不被得止事、於然ハ三十六万石ヲ二ツニ分ケ、十八万石ヲ公へ残、十八万石ヲ直澄殿へ被遣由御相談ノ処、美作又申上ケルハ、大国ヲ被差分儀以ノ外不可然ト、強ク其意味ヲ申上ケル処、無拠丈ニ被聞召上、御国ノ儀、弥公へ御相続ニ相決スルトナリ」

大意は「翁助公も段々成長されてきたが、勝茂は、国家は直澄に譲る、ご自分は隠居したいという思いがあり、多久美作守に相談されたところ、美作は〝直澄様も御子様であり拠《よ》ん所ないことであるが、翁助様は忠直公の御一子で、まぎれもなく嫡孫であられる〟このことを無視して、国家を直澄様にということは、承服できないと言う。このことばにより勝茂は直澄の後継をあきらめる。

しかし執念は捨てない。それでは三十六万石の1／2を直澄へ、あと十八万石を翁助にと分与するのはどうか、と持ちかける。美作は大国を分けるなどもってのほかである、と強くいましめた。更に茂辰はとどめをさす。「御家中請合申さざる儀は何分に思召され候とも相叶はざる通り申し上げられ候に付け、御納得され候」ここでさすがの勝茂もあきらめ、翁助の相続がきまった」

なお、鍋島体制になってから龍造寺四家（多久、武雄、須古、諫早）は家老職につき交代で請役家老を勤めている。多久美作はこの時請役家老であったと思われる。

なお多久美作についての「葉隠」の記述の解説から引用する。「葉隠」四八「道とは我が非も知る事、念々に非を知って一生打置かざる事」の中で宗龍寺（龍造寺隆信菩提寺）の汀南和尚に、石田一鼎《てい》、と共に面談した頃に出てくる。

美作殿「長門守安順の孫、本藩鍋島勝茂を輔《たす》け請役として藩政に参与し……明暦二年勝茂参勤の時扈《こ》従を命じられたが、多病のため辞退した。しかし、今度の参勤は光茂襲封の慶事などがあり大切だから是非といわれ扈従した。」これほど勝茂の信頼が厚かったのである。それを証するように美作の室は勝茂の娘於鶴であった。（高源院腹）

直澄を本藩主にという勝茂の思いは完全に絶たれた。庶長子元茂はすでに小城藩主であり、鹿島には勝茂弟忠茂が藩主として入っていた。

ここで、勝茂は直澄を支藩主に、という考えにとりつかれる。

以下蓮池藩成立の経緯を「蓮池藩日誌」の序文から引用する。これまで私が述べてきたことと重複するところもありますが、ご了承下さい。

四、蓮池藩成立

蓮池藩の成立は寛永十六年（一六三九）である。石高は五万二千六百余石であった。

寛永十二年（一六三五）かねて二代藩主に予定されていた勝茂の子忠直が病死した。忠直には子の光茂があったが僅か四歳の幼さであったため、勝茂は徳川家康の姪で正妻高源院との間に生まれた忠直の弟の三男直澄に、将来家督を相続させようとした。このため忠直の妻の恵照院を直澄に再嫁させた。しかし、忠直の子光茂を措いて直澄を嫡嗣にすることは、藩の内部に強い反対があって押し切ることが出来なかった。勝茂は第二案として佐賀藩領を十八万石ずつに等分して、光茂と直澄に分与しようとしたが、これも反対された。結局直澄は分家することになった。この直澄は寛永十四年（一六三七）に勃発した島原の乱に際して、部屋住みのまま父勝茂に代って佐賀軍の総大将となり、異母兄元茂と共に出陣して功を立てた。文化年間の川柳に「部屋住みも　馬鹿にはならぬ茗荷《みょうが》かな」とよまれたのは、鍋島家の紋の杏葉が抱茗荷に似ているので、茗荷を冥加（恩恵）にかけた洒落である。

慶長十六年（一六一一）と元和七年（一六二一）の二回断行された三部（三割）上地は、特に蓮池領の創設のために大きく当てられた。その点佐賀藩の家中の間には、「……上地の末、蓮池の御分地は出来し由、よって今に噂して彼家は我輩の蔭にたちしと口碑に伝ふと云々」として、江戸時代を通じてこのような蔭口をたたかれていた。しかし、勝茂側からすれば蓮池藩を作ったことは、龍造寺一族の諸家を制圧するだけの鍋島氏一族の藩屏を整えることであった。佐賀藩財政の再建の名目が、龍造寺一族の領地を削減するのに役立ったこともあったが、結局鍋島氏一族の藩屏は知行高の上からも龍造寺氏の一族を圧倒することになったのである。

城郭は応永年間（一三九四〜一四二七）より約百六十年続いた小田氏の居城であった蓮池城を利用していたが、元和元年（一六一五）の一国一城令のため蓮池城はとりこわされた。この蓮池城の天守閣・櫓・塀は佐賀城の本丸や二の丸を構築する材料となった。しかし、その他の建物を改修拡張して城郭とし、これを御館といった。御館《おやかた》は内郭・中郭・外郭の三段構えの築城で、外郭は西小路の西端濡門口、北小路の最北門、中地橋と加与丁橋を交通道とし、ほかはクリークと堤塘《とう》とをもって囲んでいた。中郭は北門を郭内と蓮池町と神埼町との間に、西門を郭内と魚町との間に設けていた。内郭（城内）には藩主および家老級の屋敷があり、土塀をもって囲い、本門を西に、裏門は北にあった。

今まで述べたような経過があり、勢い蓮池藩領は主として龍造寺三家（多久、武雄、須古）から上地させた分を主体として形成された。

詳細の村別は次のとおりである。

寛永十六年己卯公二十五歳。勝茂公其孫光茂公ヲ立テ世子ト為ス。光茂公ハ忠直公ノ子ナリ。勝茂公其幼弱ナルヲ以テ我公ヲシテ世子トナシ、其国ヲ譲リ光茂公ヲ養テ子トナサシメント欲ス。元茂公等悦ヒス。勝茂公ノ意遂ニ行ハレスト云フ。是ノ年勝茂公其封内佐賀・神埼・藤津・杵島・松浦五郡ノ地ヨリ三万五千六百弐拾五石、後チ復タ壱万七千石総テ五万弐千六百弐拾五石ヲ分与シ、蓮池ニ移シ永ク列侯タラシム。其郡邑之我版籍ニ帰スル者左ノ如シ。

佐賀郡ノ内

一蓮池村　高五百六石壱斗七升七合五勺

一東西村　同八百四拾二石六斗壱升七号五勺

一角町本村　同二百二拾七石七斗九升五合

一大曲村　同七拾九石八斗六升五合
一小曲村　同二百三拾六石四斗三升二合五勺

神埼郡ノ内

一乙南里村　高五百六拾七石四斗八升五合
一上西ケ里村　同三百拾壱石二斗六升二合五勺
一下西ケ里村　同五百五拾五石六斗九升七合五勺
一仁戸田村　同三百五拾二石四斗壱升二合五勺
一下仁戸田村　同五百拾八石三斗四升二合五勺
一大橋村　同七百三拾七石三斗三升
一東ケ里村　同七百五拾五石四斗九升二合五勺
一川崎村　同五百二拾石八斗八升二合五勺
一余り江村　同七百六拾八石八斗八升二合五勺
一見嶋村　同九百四拾七石六斗七升
一小松村　同九百二拾六石四斗二升七合五勺
一蒲田津村　同三拾五石七斗七升五合
一堂地村ノ内　同五百拾四石三升七合五勺
一下古賀村　同二百六拾石八斗九升

一上古賀村　同三百三拾四石七斗六升
一柴尾村　同四百拾七石壱斗三升二合五勺
一下崎村ノ内　同壱百拾八石三斗五升五合
一小鹿南里村　同四百八石二斗九升七合五勺
一小森田村　同五百六拾二石五升二合五勺
一丙太田村　同七百六拾石九斗七升五合
一小津ケ里村　同七百二拾四石三斗六升五合
一永歌村　同九百二拾二石四斗四升七合五勺
一大門村　同八百三拾七石二斗五升
一大石村　同五百六拾四石六升七合五勺
一嘉納村　同九百八拾二石五斗五升
一上直鳥村東分　同八百八拾七石八斗二升
一上直鳥村西分　同九百八石三斗八升
一下直鳥村　同四百八石八斗四合
一紺屋町　同四拾七石壱斗五升五合

杵嶋郡三法潟郷ノ内

一成瀬村ノ内　高八百七石九斗七升

一片白村ノ内　同七百拾三石三斗
一茂手村ノ内　同五百七拾七石六斗三升七合五勺
一小野原村ノ内　同九百四拾六石六斗四升七合五勺
一上野村ノ内　同八百三拾石五升五合
一納手村ノ内　同四百七拾七石
一大日村ノ内　同千百三拾二石九斗五升五合
一北上滝村　同千九拾六石九斗五合
一川上村　同九百八拾九石七斗三升五合
一河内村　同七百八拾八石二斗六升五合
一本部村ノ内　同五百七拾五石二斗二升七合五勺
松浦郡伊万里郷ノ内
一堤川村ノ内　高六百四拾石二合五勺
藤津郡嬉野庄ノ内
一式浪村　高三百四拾三石三斗二升七合五勺
一今寺村　同四百四拾壱石四斗五升
一下宿村　同九百九拾石九斗七合五勺
一本村　同九百七石九斗八升五合

一湯野田村　同六百三拾七石八斗二升
一下不動山村　同四百拾五石九斗六升五合
一上不動山村　同四百三拾三石八斗二升
一丹生川内村　同四百五拾九石九斗壱升七合五勺
一岩屋川内村　同九百八拾石八斗四升七合五勺
一井手川内村　同四百六拾七石八斗六升五合
一下野村　同七百二拾三石七斗九升七合五勺

同郡吉田庄ノ内

一東吉田村　高七百六拾五石六斗五升二合五勺
一西吉田村　同二百四拾七石五升
一下吉田村　同七百二拾二石六斗七合五勺
一下久間村　同千三百拾二石六斗二合五勺
一塩田町分村　同六百拾五石四斗七升七合五勺
一馬場下村　同千百五拾五石八斗九升二合五勺
一鍋野村　同七拾五石
一塩吹村　同百四石九斗二升五合
一美野村　同九百五拾九石六斗二升七合五勺

一五町田村　同千五百石三斗五升二合五勺
一三ケ崎村　同五百七拾九石壱斗五升五合
一下童村　同九百七拾五石八升五合
一伏原村ノ内　同四百九拾石六升二合五勺
一石垣村　同四百三拾四石四斗九升二合五勺
一谷所村　同九百拾四石九斗二合五勺
一井手村　同二千三百四拾九石七斗六升
一井手新村　同四百四拾壱石二斗三升二合五勺
一大牟田村　同八百拾壱石五斗八升五合
一福富村　同五百二拾七石壱斗壱升七合五勺
一真崎村　同四百四拾九石三斗八升
一福呂村　同八百拾八石二斗四升二合五勺
合計村数七拾九村。高五万弐千六百弐拾五石。地米物成弐万弐千五拾石。

次は、佐賀藩領の蔵入地と知行地の分布図である。

佐賀藩領（本藩・支藩）における蔵入地と知行地の分布図

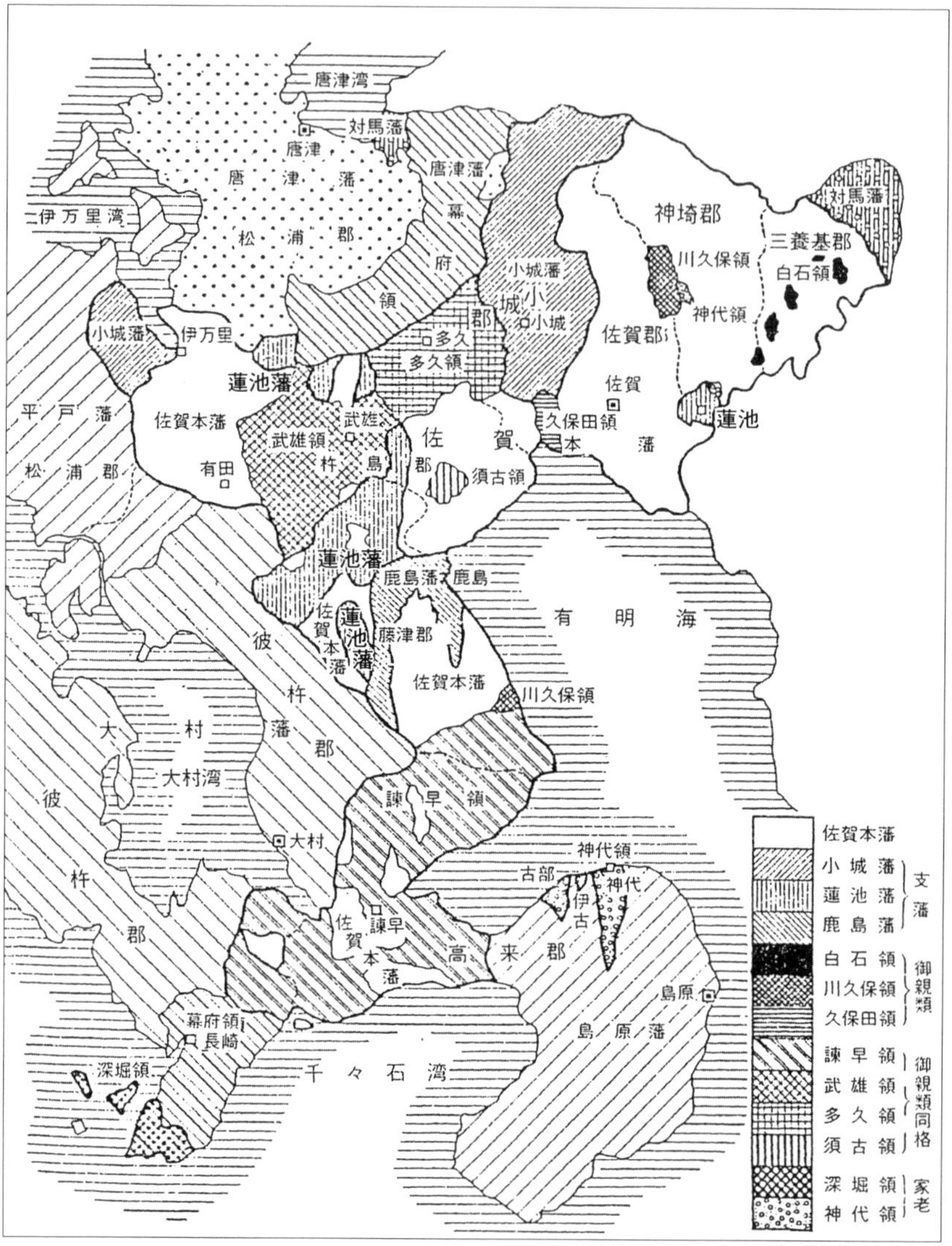

藤野保著「幕藩体制史の研究」所収

蓮池藩は述べてきたように勝茂の執念が、上級藩士の強い反対で直澄の本藩主就任が阻まれ、その結果として蓮池藩が生まれるというやや変則といっていい形で出発した。

この蓮池藩、凡そ二百八十年に及ぶ資料として蓮池藩日誌が残されている。この日誌により初代直澄《なおずみ》、四代直恒《なおつね》、八代直與《なおとも》の三人について述べてみたいと思う。直澄は初代であるから別格として、四代直恒と八代直與はそれぞれ平凡でない生涯がみられるので、とりあげてみたい。

その前に勝茂の子息の処遇を記しておく。

勝茂
- 元茂（小城藩）
- 忠直（本藩）
- 直澄（蓮池藩）
- 直弘（白石《しらいし》鍋島）
- 直朝（鹿島藩）
- 直長（神代《くましろ》氏）

なお、女子は市（米沢・上杉氏）、鶴（多久氏）、亀（諫早氏）、伊勢菊（多久氏）、長（島原・松平氏）、乙成（鍋島市正）で（　）内の氏にそれぞれ嫁している。

改めて蓮池藩領の分布をみると、佐賀郡の内、神埼郡の内、杵島郡三法潟郷の内、松浦郡伊万里郷の内、藤津郡嬉野庄の内、同郡吉田庄の内でほぼ当時の藩領の主として両方をその領としており、合計の村七九村、高五万二千六百二拾五石、地米物成二万二千五拾石になる。その姿を佐賀藩領の蔵入地と知行地の分布図にみると、明らかに西に片寄った姿がみえる。上地した龍造寺の姿でもある。特に湯の里嬉野がその領土に入ったことは大きく、歴代藩主は体調がすぐれぬ時は保養に出かけた形跡が残されている。

それでは初代直澄からその生涯をかいまみていくことにする。

初代、鍋島直澄　（元和元年（一六一五）～寛文九年（一六六九））

のっけから余計なことかも知れないが、勝茂夫妻の直澄（幼名・千熊丸）に対する思い入れは、他の兄弟が、あるいは羨《うらや》んだのではないかと思うほどである。それは冒頭世継の頃で述べたとおりで、再述しないが、同じ親子の間でも、愛情の濃淡があるのはよくみられる事象でさほど珍しいことではないが、こと大名家となると何かと差しさわりがでるのは避けられないようだ。とにかく諸事情をのりこえ、佐賀藩の中で小城につぐ五万石の藩主になったこの人は、それだけの器量を備えていたのであろう。

元和九年、九歳の時、外祖父岡部内膳正長森から佩刀《はいとう》を贈られる。直澄は罪人を切り捨て、刀の切れ味のよさを喜んだと記されている。秀れた武将には幼少の頃の武勇談がつきものであるが、この話もその類《たぐい》のものかと思われる。いかに武将のすぐれた素質があったにしても、九歳で人体を切り捨てるのは少しばかり無理があると思えるからである。

寛永十二年（一六三五）直澄より二歳年長の忠直が死去する。二十三歳であった。死因は当時最も恐れられた天然痘《てんねんとう》であった。これを機に勝茂が忠直の後釜《あとがま》に直澄をと藩の上層部と幕府の老中に働きかけていくが記述のとおり事はならなかった。結局直澄は勝茂の懸命な奔走《ほんそう》で蓮池藩主に収まる。

さっそく最初の試練がやってくる。

寛永十四年（一六三七）十月肥前国高木にキリシタンが蜂起する。武江年表（江戸三百年にわたる精細な年表であるが、政道向きの記述ではなく、あくまで江戸城下の市中にかかわりをもった生きた年表といわれている）によると簡潔に「寛永十四年十月肥前島原に耶蘇宗の者蜂起す。翌年二月誅伐《ちゅう》あり」と記されている。

そして賊徒は原城に立てこもる。このような蜂起は必ず前提となる事情がある。この場合も有馬の城主松倉長門守重政の秕政がある。藩主脳による収斂《しゅうれん》（租税のとりたて）が度を越え、庶民がこれを怨んでいたこと。又肥後の国天草に益田四郎時貞なる耶蘇の宗旨を収めた者がいた。そのような者の育った領土の歴史があった。すなわちこの地方を近世以前に治めていた小西行長はキリシタン大名であり肥後半国二十四万石で封じられていたが、関ヶ原で西軍にくみし、刑死している。

その後小西の遺臣、大矢野佐左衛門、大浜治兵衛などが旧在所に潜伏し、時いたれば徳川幕府に一矢をむくいんとかまえていた。

時貞の出現と有馬の百姓の動静は、大矢野等にとってはまさに千載一遇の好機と写ったに違いない。

ここにキリシタンと百姓の連合というわが国では初めての争乱が起きる。

時貞を首領とする一揆軍は、松倉重政が江戸在であるすきに村役人、僧尼を殺して神祠《し》佛堂を破壊する。松倉氏が討伐に向うが、逆に一揆勢は島原城を攻める。このことが幕府の耳に入ると、三代将軍徳川家光は板倉内膳重昌、石谷十蔵を監軍とした。同じ頃松倉重政は江戸で勝茂に会い窮状を訴えた。松倉氏としては隣藩である鍋島にまずは助けてもらいたい意向が強かった筈である。勝茂はもとよりこれを理解し、松倉氏に応援する旨を届けるが、幕府は許可しない。勝茂は困って彦根藩主の井伊掃部《かもん》頭直孝（元和元年大坂夏の陣で先陣として勇名をうたわれた。なお、佐賀藩でも小城藩主鍋島元茂の次男が鍋島主水《もんど》武興《おき》の養子となった。そしてその子供に名付を頼まれた二代藩主光茂は井伊直孝の武勇を考えて〝掃部《かもん》〟と名付けた。）に相談した。曰く「有馬は私どもの隣藩で幕府はすでに兵を発している。しかるに隣藩の私どもが今ここにあることはまことにもって本意ではない。私は壮年になってこのような事態に直面したので、あえて戦場にて力を発揮したい。」と。直孝は大いにうなずき将軍にこの旨を上奏し、晴れて帰国が許される。

井伊直孝は当時、保科正之（家光の庶弟）、松平信綱等とともに幕閣の中心にあった。ちなみに、井伊家は佐賀藩には何かと好意的で関ヶ原で西軍につき家康にことわりを述べ許しを乞うた時も「当時の井伊家の直政が久納《ひさのう》市右衛門なる佐賀藩の武将からその窮状を聞きとりなしてくれた」という。以後勝茂は「直政公は武士の鏡である」と終生その恩を忘れなかったと伝えられる。

この時代たとえ隣接藩で争乱があっても幕府に無許可で干渉することは固く禁じられていた。豊臣秀吉時代も、天下統一がなると同時に豪族同士の勝手な戦いは厳禁であった。統一者（天下人）にとっては、己れの統治が如何にも甘いとみられることを嫌ったのであろう。この時の将軍の命も「唯国境を守れ」ということで、「攻めこむのは命を待て」ということであった。そこで勝茂は、直澄を佐賀勢の総大将としてこの年の十一月十四日に江戸を出発させる。この時庶兄小城藩主鍋島元茂も同時に江戸を発つ。

なお、直澄に従軍したのは大木兵部統清《むねきよ》以下十二名である。統清はこの時七十一歳でなお若い者のように殊勲を立てたと伝えられている。ではその武勇の一家の記録を次に記しておく。次の引用は栗原荒野「校註葉隠」からである。まずは統清《むねきよ》の武士としての心構えから。

八七〇　刀が折れたら手や肩で仕合ひ、肩を切られたら敵の首を喰切れ

(一)大木《おほき》前兵部《ぜんひやうぶ》勇氣《ゆうき》勧《すゝ》めの事《こと》　兵部《ひやうぶ》組中《くみちう》參會《さんくわい》の時《とき》、諸用《しよよう》濟《す》みてよりの話《はなし》に、「若《わか》き衆《しう》は隨分《ずゐぶん》心《こゝろ》掛《が》け、勇氣《ゆうき》を御嗜《おたしな》み候《さふら》へ。勇氣《ゆうき》は心《こゝろ》さへ附《つ》くれば成《な》る事《こと》にて候《さふらふ》。刀《かたな》を打折《うちを》れば手《て》にて仕合《しあ》ひ、手《て》を切落《きりおと》さるれば肩節《かたぶし》にて　(二)ほぐり倒《たふ》し、肩切離《かたきりはな》さるれば、口《くち》にて、首《くび》の十や十五は、喰切《くひき》り申《まを》すべく候《さふらふ》。」と、毎度《まいど》申《まを》され候《さふらふ》由《よし》。

(八七〇)は、葉隠記載の順番を表す数字

(二)ほぐり倒し―佐賀弁で押しこくって倒すこと

次は大木氏の略歴である。同じく校註葉隠の解説である。

大木前兵部　名は統清《むねきよ》。兵部丞知光の子である。先祖は宇都宮氏で、狩野將監泰氏、吉野朝時代征西將軍宮懷良親王に從うて九州に下り、各地に轉戰して功あり、筑後國三池　上妻　山門各郡を領し壹州の守護を兼ねた。舍人助資知の子佐渡守知長山門郡大木城主となり、始めて大木氏を稱した。六代の孫鎭堯、天正九年柳河城主蒲池鎭並《しげなみ》父子一族が龍造寺隆信に誘殺された時大木一族大半と共に殉死し、その後鎭堯の子知光は大木城を守つてゐたが、隆信島原戰死後鍋島直茂柳河城に入り筑後の大半を從ふるに及び、知光は直茂の勸誘に應じ、一族郎黨八十餘人を率ゐて鍋島氏に屬するに至つた。これ大木氏が鍋島家に從屬した始めである。次いで天正十四年龍造寺政家知光を肥前に招いて采地を養父郡瓜生野（今の三養基郡鳥栖町）に與へ、後同地が小早川隆景の領地になつたので、代地として簑埼郡横田村（東脊振村）を與へた。統清は永祿十一年筑後大木城に生れ、初名半介、母は同國矢嶋氏の女である。天正十一年十六歳の時豐後大友義統《よしむね》の諱を授けられて加冠し、隼人助統清と稱し、後兵部丞に改めた。父知光が鍋島直茂に歸服した時、統清は父の命によつて豐後大友氏の許に赴いたが、居ること二年、天正十三年肥前に歸り父子共に直茂に從うて築後に出陣し、柳河陣、八院の役などに加つた。後朝鮮陣に從ひ戰功あり、關ヶ原役にも從ひ、有馬陣（島原の亂）には七十一歳で從軍し特に殊勳を立て、寛永十七年七十三歳の時一門によつて大木組が編成され、その大物頭（寄親）となつた。本文組中參會とあるのはこの大木組の事である。又寛永十九年、藩主鍋島勝茂が筑前藩主黑田忠之と共に長崎防衛の重任を受けて下國した時には統清もこれに從うて下り、勝茂の命により七十五歳の老齡を以て先づ長崎に赴いて浦々島々を檢分し、番所を簑ノ島に設け、爾來佐賀藩御番の宰領として盡瘁する所多く、その頃肥筑兩藩の不和を慨き、監司井上筑後守に談じて兩藩の和親を圖るなど斡旋大いに努めた。これより先、鍋島直茂直傳のカチクチの軍法を編制し（一・註二五）、又正保元年肥前國繪圖作成の事に携り、慶安四年五月には、勝茂の命により特に老功者の故を以て視聽覺知抄先考三以記の編纂に關與する等（一・註二七）文武兩道を通じて終生佐賀藩創業の基礎を固むることに貢献した。慶安四年九月廿日歿。年八十四。法名寒翁宗清居士。墓は神埼郡東脊振村大字大曲字横田西往寺にある。

なお、明治維新の功臣として、佐賀の八賢人の一人として数えられる大木喬任は、この大木氏の子孫である。勝茂がこの時小城藩主元茂を同行させたのは、直澄を本藩主にしようとした已れの意向に正面から反対し、その考をつぶした元茂に一人の男としての器量を感じていたからと思える。この直感はあたり、後、島原の戦いで佐賀藩が軍令違反に問われ、藩の存在さえ危ぶまれた際、時の老中と堂々とわたり合い藩の危急を救った場面で如実にその器量を発揮する。後にその場面は詳述することにする。ただひとつだけ補っておきたいのは元茂がその出生故に長く江戸に置かれ時の老中などにも顔見知りが多かったこと、又家光の剣の師範であったこともこの場面で有利な状況を作ったことは否めないことである。

話は原城攻めに総大将として直澄を任じた勝茂の意向には、元茂の出生が豊臣の色濃い母であったことが心中にあった筈である。元茂公譜によると明らかにこのことが原因で本藩主に推せなかったと明記されている。やはり幕府に対するためらいがあったことは明らかである。この時点で考えてみても元茂は元和三年（一六一七）にすでに小城藩主であるが、直澄は寛永十七年（一六四〇）に藩主になるのであり、年齢も十三歳元茂が上なのである。

ともあれ、総大将の直澄は十二月三日佐賀城に着く。数千の兵をつれ、六日には高木郡の神代《こうじろ》に入る。神代《こうじろ》は鍋島房義（直茂の兄）を藩祖とする藩で石高は物成で二五〇五石であった。ついでながら、物成とは「領土が家臣の禄高の基礎である一年の年貢米の収入高」のことであり、これに百姓、町人等に必要とする石高を加えたものが俗にいう藩の総石高である。例えば佐賀藩の三五万七千石はこれにあたる。従って、神代《こうじろ》もそのつてでいうと、総石高は二五〇五石上まわった筈である。神代と書いて「くましろ」と呼ぶのは佐賀の山岳地帯に蟠踞《ばんきょ》して、戦国期に一代勢力を誇った一族の事で、後、川久保鍋島家と呼ばれた物成八〇〇〇石

なお神代《こうじろ》領は島原半島の諫早寄りにあり、正に佐賀藩領としては最も戦場に近い所であった。念のため、諫早領も佐賀藩の所領であり佐賀藩の勢力は一揆鎮静に最も有利であると思われた。

一方敵方の将時貞は二万の一揆勢と原城により時に出陣しては村落の食糧等を掠《かす》めとる。直澄は七日に島原に到り監軍板倉重昌に会い「賊はすぐそこにいる。座視することは私がやって来た意に反する。」と意欲をみせる。板倉はこれを聞き大変喜んだ。このあたりまでは順調であるが、あと思わぬ軍令違反の疑を受け、苦しむことになる。この時元茂が勝茂の名代として幕府の詰問に反論することになるが、後で詳述する。

愈々原城攻にかかることになるが、佐賀勢の主な陣容は次のとおりである。なお集結した場所は口の津西口及び島原通東口である。諫早豊前《ぶぜん》二千余人、鍋島若狭一千九百人余人、成富十右衛門一千四百余人、小城紀伊守元茂公四千八百余人、多久美作《みまさか》二千六百人、他にも鍋島右近以下合わせて二万九千八百余人である。

以上の人員は直接戦う戦士であるが、戦いには古今東西を問わず、戦闘集団を支える地味ながらある場合には戦の成否を左右することもあり決して軽視できない機能集団といってよい、例えば兵器の輸送とか、食糧の配分などを司《つかさ》どる人々がいる。

この時佐賀藩は次のような形で戦闘集団を支えている。まずは鉄砲百挺（奉行は大木兵部）、弓百張（奉行は石尾又兵衛）、手明鑓《てあけやり》五十人（奉行は鹿江茂左衛門）、小荷駄（奉行は服部市郎兵衛）輸送三百余人である。

手明鑓《てあけやり》という身分は、藩政当初財政事情が厳しく武士身分の中で当分御用のない物成五十石以下の知行を取りあげ御蔵米十五石を支給されるもので、侍身分の下に置かれた。

戦闘を裏から支える集団に加えて関将監の率いる水軍数百の船で大江浜に備えた。正に陸海をたばねた完全な体制といえる。佐賀藩にとっては隣接藩という地理的事情はもとよりであるが、関ヶ原で西軍についたにもかかわらず家康に許された恩も上層部の心には強く残っていた筈である。

幕府はじまって以来、初の大規模な一揆を収束することに懸命になるのは藩として当然の行動であったろう。

さて諫早豊前は神代につぐ近い位置にあり、早速敵城の松山にある本丸と相対する。直澄先鋒とへだてること十町、高所に陣営を敷いた。

大将は最前線とどのくらい離れているのがよいのか、もとよりその場、その場の状況によるが、この時は十町というのでメートル法になおすと約千m離れていることになる。なお、一町は約百九mである。

夜になると鉄砲隊の大木兵部が敵の城に接近したところ、その砲撃が雨のように降り注ぎ一時退避したが、すぐに竹束などでこれを防ぎながら本陣への道を通じ、それにより諸々の対策を講じた。直澄は諫早隊に命じ、西浜塩満川を渡り、松山の背後を突かせ敵の抵抗を凌《しの》ぎ、ついにこれを落とす。この時佐賀勢は多数の死傷者を出している。

監軍板倉重昌は、この状況をみて、一時休戦を命じる。このような状況の一部始終を報告で知った幕府は、更に松平信綱、戸田左門を軍監として出発させる。

しかし、この措置はすでに軍監として現地にいる板倉重昌にとっては心の負担となった筈である。自分の力量不足を問われているように思うのが普通であろう。

そこで板倉は信綱等が島原来着前に城を落とさねばと考え、寛永十四年（一六三七）正月元日未明かな全軍に進軍を命じる。賊は大石、巨木を投じ強く抵抗する。

この時重昌は自ら敵城に迫り銃弾にあたり死去する。又同じ軍監の地位にあった石谷定清も疵を負う。

前述のとおり、二人には新しく軍監二名が来るという報が責任感をつのらせ、死を急いだ感が深い。直澄はこのことを知り「草賊のため命を落とす」とはと慨嘆《がいたん》し仇討を誓う。いかにも青年武将の思いである。時に寒気厳しく直澄は酒数十樽をとりよせ将兵にふるまう。兵は勇気百倍城に向う。しかし敵の攻撃は烈しく直澄輩下の佐賀勢は死傷四百余人に及ぶ。

この月の四日松平信綱、戸田左門が有馬に着く。信綱については後で詳しく述べるが、戸田氏は大坂の陣後、畿内に譜代衆が多く置かれたが、松平忠明が大坂城、水野勝茂が大和郡山城、内藤信正が摂津高槻城に配置された時、尼崎城を与えられた戸田氏鉄の一族である。

さて着任した信綱はさっそく「監軍の指揮ヲ受ケズシテ壇（勝手に）に戦ヲ爲スヲ許サズ」と軍命する。この軍命が乱終結後佐賀藩の存続にかかわるような次第に及ぶことなどこの時の直澄以下は知る由もなかった。正月二十九日勝茂が兵二千余騎をひきいて参陣する。当然ながら直澄は陣営を勝茂に譲る。

さて、石谷とともに軍監として島原に入った松平伊豆守信綱は智慧《ちえ》伊豆と称されることで分るように頭脳明晰な人物として定評があった。

慶長元年（一五九六）生れであるのでこの年寛永十五年（一六三八）で四十二歳である。

大河内金兵衛久綱の長男として生まれたが、松平右衛門大木正綱の養子になっている。

九歳で三代将軍家光附となり元和六年（一六二〇）には二十四歳で五百石を賜っている。又、御小姓組の番頭となり三百石を新に賜り、この年七月に家光の京のぼりに供奉《ぐぶ》を命じられている。そして同時に従五位下伊豆守に任じられている。

なお、従五位の下は大名になれる位階である。順調な出世であるが、ついに元和七年（一六二一）十一月には宿老に準じて勤仕するようにという仰がある。更に寛永元年（一六二四）三月には、阿部豊後守忠秋、堀田加賀守正盛、三浦志摩守正次、太田備後守資宗、阿部對馬守重次等とともに政《まつりごと》を議しすべしという命がくだる。五月になると土井大炊頭利勝、酒井讃岐守忠勝とともに奉書に印形を押し政《まつりごと》にあずかるようになる。若くして老中の地位についたのである。

順調に出世街道を歩んできた信綱に、なかなか解決しない島原の乱に家光が業《ごう》をにやし、その征伐に任じたのはやはり日頃の信任からみて当然のこととみられたと思われる。

十五年正月二日信綱は肥前国寺井津に着く。ここで士卒に甲冑を着せる。途中平服で過ごし無用の負担を減じたのも、いかにも合理主義者信綱らしい対応である。することに無駄がない。有馬に着くと在陣の諸将に「一揆と侮《あな》どって仕寄を付けないので城が落ちないのである。これからは柵を備え、竹束をもって四囲を囲《かこ》み城中の粮米尽きるを待って攻め破ることにする」つまり兵糧攻めである。これは奇しくも家光からの台命の次の趣きと全く一致するのである。

曰く「速《すみやか》に城を抜むとして士卒をそこなわんより、一揆等が粮《かて》の尽きるを期すべし」その効果を見るべく、夜討をした時の敵の死体の腹をさいてみると、腹の中は青草のみですでに城中粮《かて》尽きたことを知る。

頃はよし。同年正月二十七日鍋島信濃守勝茂の兵が本丸より攻めいり二、三の丸に及び、本丸すでに陥るの告があったが、信綱残兵あらんことを慮《おもん》ばかりてその夜なお陣を引かず。その翌日果たして一揆勢がひそんでおり、「本丸はまだ陥ちず」と松平信綱家譜には記されている。

翌二十八日凶徒悉《ことごと》く誅に伏し、細川越中守忠利が賊将四郎時貞の首を信綱の実検に入れる。信綱は飛札でこの結末を江戸に注進した。その状箱の上に「落城」の二字を大書させた。これは大衆に早く知らせる工夫であったという。

以上長くなったが、松平信綱家譜（寛政重修諸家譜）より引用した。所感がある。後に江戸で鍋島軍の軍令違反が問題になった時、強硬に違反をとなえたのが信綱であったが、家譜の記述をみるかぎりそのような所見が生じる事態はみえない。

しかし、乱平定後次のようなやりとりがあっている。（拙著「小城藩」より）

なお、引用中安芸守とあるのは深堀茂賢《まさ》のことである。

特に勝茂には賊徒夜襲の時、骨折のこと上聞に及び咸悦遊ばされたと特に台命として披露された。そこまではよかったが、諸将解散の後、上使から島原における軍法違反の仰せ渡しがあるということで再び、集る。この席で鍋島は軍法違背を問われる。そのくだりである。なお、鍋島からは多久美作守、鍋島安芸守が出席した。軍使松平伊豆守は「今度鍋島軍令に背かれ二十七日に城乗あい、かねて差図なき前に抜けがけ法度のこと、諸将に強く命じていたが、鍋島が差図に逆いて一番に城に乗り入ったこと江戸に於て披露する。」と。安芸守曰く「両上使様未だ軍《いくさ》に不馴れなのでそのように仰せだが、総じて軍《いくさ》は平時のようにはいかない。ただ、落城こそ重いことです。」と申したが信綱からはとかくの話なく終る。

　これを聞いた勝茂は「安芸守今度の陣中の功他に越えた。上使衆への挨拶《あいさつ》、今改め難し、その功向後に至っても忘れまい。」と言われた。それにしても安芸守の申し分は、随分と上使に対しては失礼であることはまぎれもない。信綱の不愉快の顔がみえるようだ。勝茂もそこを気にして、「上使衆への挨拶今改め難し」といったのであろう。しかし後に世間の風説は「このたび鍋島上使の差図を破り、先手の者一番乗をなすこと、伊豆守の憤り甚だ深し、であるから、勝茂公は必ず大変なことに見舞れるに違いない。」というものであった。現実に軍令違反で老中の尋問をうけることになる。肥後の細川越中守忠利は勝茂と懇意であった。世間の風説に心配し、勝茂を訪れ密談する。忠利の曰く「今回上使の命を破られ城乗されたこと伊豆守の思い入れが甚だ悪い。このまゝでは貴殿によろしくないと思う。若し上聞に達し首尾が悪くなると貴殿の身体に大事が起るかも知れない。かねて豆州とは疎意なく思っているので、豆州に話し彼の思い入れを宥《なだ》めたいと思う。しかし、私の一存だけでは叶わないかも知れないので、あなたが〝上使の軍令〟背いた旨の神文を書いてくだされば、私がよろしく調《ととの》えましょう。そうしないと必ず大事に到ると思うので、内心を申すのです。」

　勝茂はその親切に感謝し、酒宴のもてなしを申しつけ、自らは奥に入り美作（多久）、豊前（諫早）、大木兵部、鍋島市祐等を召し、細川の申出について受けるかどうかを協議した。誰も発言しない。すると鍋島市佑（須古信周の四男）が「細川公のいうとおりしてはいけない。今度の一番乗のことは有体に仰せられるよう考えを固められ、国家は崩れる覚悟肝要である。」という。一同同意。勝茂も自分も同意見であると述べ、待たせていた越中守にその旨伝える。忠利は「さてさて気の毒である。貴殿のためにはなるまい」と言って退出した。今度《このたび》、一番乗で最初は公儀より感状を給り、首尾がよかったが、後はかえって国家の危難となった。

そして何故こうなったかということを述べている。松平伊豆守の子息甲斐守輝綱も父と共に出陣した。有馬で伊豆守は細川越中守に頼んだ。「愚息今回初陣、願わくばそなた様の御手先に使って下さい。」越中も了承、去る二月二十七日に二の丸を乗っとり、仕寄をつけようと勝茂は望んだが、伊豆守許容なく城乗は明二十八日卯の刻と定め、諸手待機する中に越中一列を一番に乗せ、子息甲斐守に手柄をたてさせようと謀《はか》っているところに、鍋島の後見榊原飛騨守その心底を察し、「鍋島安芸守に、二十七日には早くも二の丸を乗っとり、あまつさえ鍋島は毎度諸手に抽んでていたので、諸手の大将も無念に思ったため、右の軍法違順（二十八日と決められていたのに二十七日にすでに二の丸を乗っとっていたこと）を申立てたのである。」と。なお、勝茂の三男直澄と伊豆の娘との縁組が約束されていたのに、勝茂二男忠直が早世、その室が直澄に嫁すことになり、信綱の娘との縁組は断られた。これから伊豆と勝茂の仲が悪くなったという。そういう伏線もあったのである。

この中で松平伊豆守が〝抜けがけ法度のこと〟述べているが、蓮池藩日誌の直澄公の部には次のように述べている。

「敵我砲撃ヲ受ケ頗ル困ミ遂ニ出丸ヲ棄テ二塁ヲ守ル。今急ニ撃トキハ二塁破ル可シ。已ニ之ヲ破ルトキハ二城取ル可シ。已ニ二城ヲ取ルトキハ牙城随テ抜ン機失フ可カラス。若シ明朝ヲ待ツトキハ敵モ亦タ備ユル所有ン。

我期ニ先テ発セントス。勝茂公之ヲ然リトシテ即チ之ヲ監軍ニ告ク。信綱許サス。已ニシテ而シテ夜半乍ラ令ヲ我先鋒石井左近ニ伝テ進マシム。我公麾下ヲ率テ我先鋒ノ前ヲ過キ出丸ノ西ニ出テ、賊ノ右側ヲ撃チ松山ニ上ル。敵果シテ二塁ヲ棄テ二城ニ入リ以テ之ヲ拒ク。而シテ勝茂公全軍ヲ鼓シテ進ム。信綱之ヲ見テ使ヲ遣シ之ヲ制スルモ及フ無シ。戦酣ニシテ石隈五郎左衛門火ヲ風上ニ縦テ二城ヲ焚ク。賊遂ニ敗走シ二城既ニ我カ取ル所ト為リ。拠テ以テ天明ヲ待ツ。」

このくだりを読むと、勢い乗った佐賀藩が信綱の制止を聞かず、積極的に攻めこみ落城に追いこんだ姿がみえてくる。しかし、後で問題になる「軍令違反」は明らかである。

以上島原の乱関連の記述が少し長くなったが佐賀藩にとっては存亡の危機でもあったし、又直澄も勝茂来着までは初めて一軍の将としての出陣であったので詳述した。なお、佐賀藩が軍監の命に反して突入したという軍令違反が問題となり、江戸市中では佐賀藩はとりつぶされ、勝茂は遠島になるだろうと噂されたという。存亡の危機であった。

この時佐賀藩には鹿島藩（当初勝茂弟忠茂、後、勝茂六男直朝）二万石が慶長十五年（一六一〇）

に、小城藩（元茂、勝茂長男庶子、七万三千二百石）が元和三年（一六一七）にそれぞれ成立していたが、蓮池藩は先述したように複雑な経緯があり、三支藩ではいちばん遅れて、寛永十六年（一六三九）直澄のもと五万二千六百石で成立するが、藩内からよせ集めた七拾九村で成立しており、その後の藩運営に少なからぬ特色がみられる。まずは藤津郡、嬉野庄を得たことで藩主も病を癒すため、蓮池の居城から有明海を船で塩田の庄に着き嬉野に向う姿が伝えられている。

例えば五代直興は宝暦四年（一七五四）に湯治のため嬉野に出向いているが、享保十五年（一七三〇）生れで当時二十四歳である。そのくだりを蓮池藩日誌にみる。

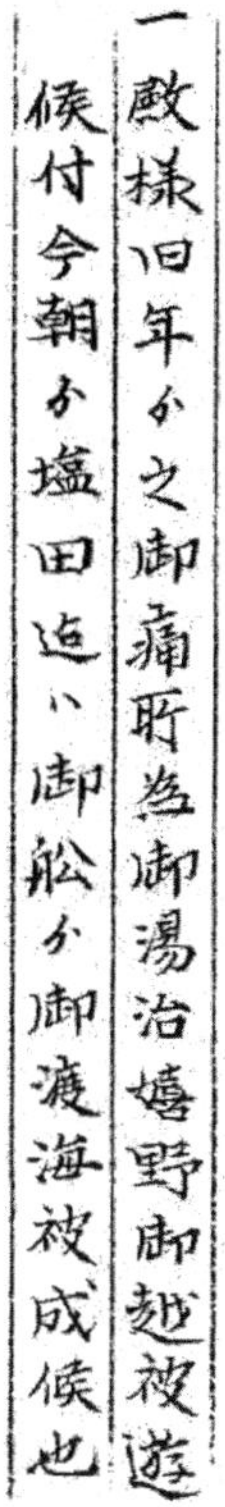
廿七日
一殿様旧年ゟ之御痛所為御湯治嬉野御越被遊
候付今朝ゟ塩田迄ハ御船ゟ御渡海被成候也

右は翌宝暦三年

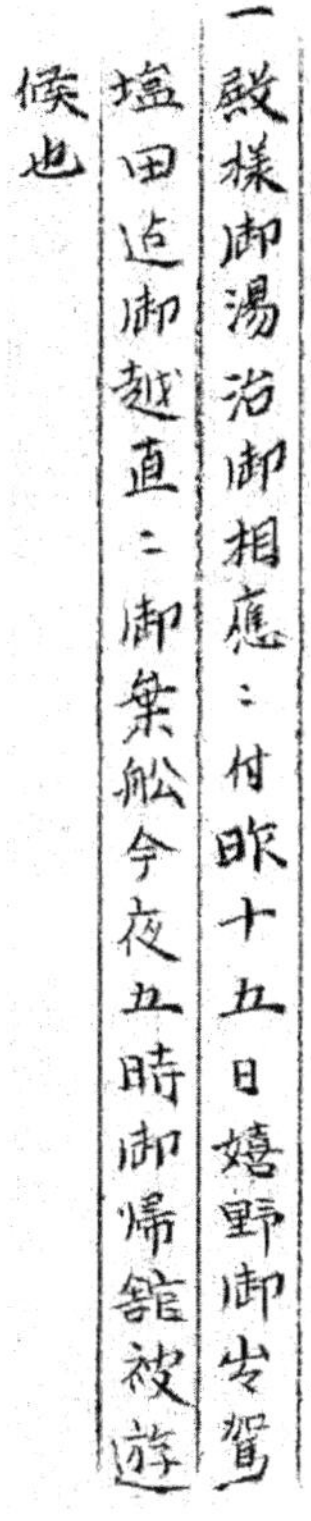
十六日
一殿様御湯治御相応ニ付昨十五日嬉野御発駕
塩田迄御越直ニ御乗船今夜五時御帰館被遊
候也

蓮池から船で有明海をわたり塩田に上陸、嬉野に向かったことが読みとれる。

二十四歳で湯治とは現代からみると早すぎる気もするが何しろ人生五十年時代だから。

なお直興は宝暦七年（一七五七）二十六歳で死去しているが、この時から二年後である。死因は「水腫」と記されている。やや医学的にわたるが、水腫の説明を広辞苑から引く。水腫とは「身体の組織間隔または体腔間にリンパ液、漿液が多量にたまった状態、特に皮下組織でおこり易く、局部はふくれあがる。むくみ」これだけではどういう病でどう生命にかかわるのかはよく分らないが、若い生命を奪う恐るべき病であったことは想像できる。なお、直興《なおおき》の跡を継いで六代藩主となった同腹の弟（直恒四男）も僅か二十八歳で死去している。ちなみに歴代藩主の死去年齢を略記すると、

（初代）直澄《なおずみ》　五十五歳　（二代）直之《なおゆき》　八十三歳　（三代）直稱《なおのり》　七十歳
（四代）直恒《なおつね》　四十九歳　（五代）直興《なおおき》　二十六歳　（六代）直寛《なおひろ》　二十八歳
（七代）直温《なおはる》　六十歳　（八代）直與《なおとも》　六十七歳　（九代）直紀《なおただ》　六十六歳

で五代直興、六代直寛を除いては当時の平均的生涯であったことが知られる。

なお、後直恒の項で詳述するが、この人の四十九歳という年齢は病以外の原因も考えられることを附記しておく。

ところで、慶長五年（一六〇〇）関ヶ原で徳川と豊臣の合戦があり、徳川の勝利に終る。佐賀藩は西軍（豊臣）に加担し、戦後、家康の咎めを受ける。だが、隣藩で同じく西軍に組みした柳川藩を打つことで所領安堵される。

私は同じ西軍についた者であるのに何故柳川をうつことで佐賀藩が所領安堵されたのか、長年分らずにいた。独裁者の気まぐれかぐらいに考えあきらめていた。

ところが平成二十六年「肥前と筑後の戦国期」を書いていくうちに、少しは疑問が解けてきた気がした。決して家康の気まぐれでなかったことがほのかに見えてきたのである。少しその原因をたどってみる。

まずは柳川の立花氏は前権力者の秀吉から「坂西《ばんせい》」の総括者として重用されていた事実があった。坂西《ばんせい》、つまり大坂から西を任されていたのである。更に敗戦後の両藩の行動をたどるとその差は大きい。

立花宗茂は西軍の敗報をうけると大坂城に帰り、妻子を人質から取り戻し海路柳川に帰っている。素早く、火元から去った感が強い。反して佐賀藩勢は、小城出身で家康に重く用いられていた円光寺元佶《がんきつ》と相談し、井伊直政、本多正信等に家康の許しを依頼する。特に井伊直政はこの時手疵を負った身をいとわず、家康に弁明してくれた。結果「加賀守（直茂）の忠心をもって信濃守（勝茂）の逆心を許され、立花左近領内へ逃げ帰っているのでこれを退治せよと命じ、佐賀藩は所領安堵される。

つまり、柳川藩の立花氏は佐賀と比べて前政権の豊臣氏から重く用いられていたこと。それから戦後サッサと柳川に帰り、徳川に対する働きがけ、弁明をいっさいしなかったこと。以上二点は家康にとってはいずれも心よくない印象を与えたことと想像される。家康の「柳川を撃て」はここらあたりに原因があったと思考される。ただ、私の未熟な主観であり、真相は遠いところにあるのかも知れない。

柳川の立花氏を撃ち、家康から所領安堵された佐賀藩は、その恩に酬いるべく「我ニ子弟三人有リ。此三人ノ者ヲシテ幕府ニ出シ以テ其勤ヲ奉セシメン。然ハ則チ我国ニ在ルノ日ト雖モ猶ホ江府ニ在ルガ如シ」つまり、形はともあれ、三人を人質として差し出したことに変りはない。「幕府悦テ其請ヲ聴取ス」とある。当然であろう。関ヶ原で勝利したとはいえ、大坂には豊臣の存在があり、何よりも大名の協力が求められる時期であったからであろう。

人間は時に大きな発想の転換を思うことがある。承応三年（一六五四）四十歳になった直澄はなお佐賀藩三の丸にあったが、この年蓮池に移る。この時、直澄は次のように自分の思いを伝えている。

「我封地ハ五郡ニ跨《マタガ》リ、土地ノ広キ才入ノ多キハ藤津・杵島ノ二郡ヲ最トス。而シテ蓮池を距《ヘダテ》ル十有余里統治頗《スコブ》ル便ナラス。公水土を相《へだ》テ新ニ城郭を藤津郡塩田ニ築キ藩治の遷《ヘン》サント欲ス。準備半《ナカバ》ハ成ル故有テ果サス」確かに蓮池藩は表現は悪いが藩内各地（特に旧龍造寺の領地からは、おおむねその1／2を上地させているので直澄のいうとおり藤津杵島からの領地が多かったのである）に分散しており、統治上の不便さは想像されるのである。

蓮池藩の複雑な地割りは初代勝茂代に起こった財政困《こん》難の打開策からきている。以下拙著「初期の鍋島佐賀藩」から引用する。

普請手伝いは、幕府が、大名諸侯の財力をそぐため用いた手段である。これより時代が下るが宝暦三年（一七五三）、薩摩藩（七十万石）に命じられた手伝い普請は、最も厳しいものであった。河川普請で、対象は木曾、長良、伊尾の三大河川である。当時、六十万両に及ぶ借財に喘《あえ》いでいたこの藩はさらに四十万両という費用を負担し、工事にあたることになる。この時家中では、いっそ幕府と戦うべしという強硬論も出たといわれる。この工事の総奉行となった家老平田靭負《ひらたゆきえ》は工事完了後切腹して果てる。

鍋島佐賀藩でも、慶長十一年（一六〇六）には江戸城普請、慶長十二年（一六〇七）駿府普請、慶長十三年（一六〇八）佐賀城普請をはさんで寛永元年（一六二四）大坂城石垣普請と、財政支出を余儀なくされる普請手伝いが申し渡されている。

このため、慶長十六年（一六一一）と元和七年（一六二一）の二回にわたって家臣の知行地よりその三〇％をとりあげ（三部上地）蔵入地で不足する分を補うこととした。しかし、結果的には、上地分は三支藩、特に蓮池《はすのいけ》支藩や白石《しらいし》鍋島家の創設に向けられたので、当初の財政危機打開という名分が守られなかったことになり、上地した側に不満を残すことになった。

しかし、勝茂にとっては、鍋島家臣団の強化が、大きな課題であり、その藩屏《はんぺい》としての役割を果たすことを期待したものといえる。なお、二回目の三部上地は旧龍造寺四家（多久・武雄・須古・諫早）のみに課している。従って旧龍造寺四家はその知行地が半減したことになる。

直澄が企図した蓮池から塩田周辺に藩邸を移そうとした試みは志半ばで挫折するが、その明確な理由は残されていない。これは想像に過ぎないが、本藩中枢部があるいは反対したのかも知れない。単純に考えてもすぐ隣には鹿島藩（三万石）が存在し、支藩二つが西の方に片寄ってしまうのは、藩の姿としては好ましくないという考えがあったとも想像される。

ここから蓮池藩史は、蓮池の地の説明に移る。曰《いわ》く、元亀・天正の頃は小田鎮光が領し、南は寺井津、東は筑後川を控え、西は犬尾、北は犬童、姉川に界し、蓮池、小曲の両村とかこんで城郭を設けていた。

次に城郭を囲む河川の状況は次のとおり述べられており、蓮池の地が海運に恵まれていることが知られる。

其郭ヲ画スルニ二水有リ。一ハ佐賀郡高尾ヨリ来リ東西村ノ北長林ニ傍テ東流シ、南ニ折レ蓮池ノ西ヲ画シ陣内村ニ至リ、又夕東ニ折レテ小曲村ノ南ヲ走リ大堂村ニ達ス。鍋嶋家ニ至リテ其古流ヲ変シ、佐賀今宿ヨリ犬尾ヲ経テ蓮池・小曲ノ間ヲ穿チ迂曲シテ大堂村ニ達セシメタリ。其二ハ中地江ト称シ、神埼郡川崎村ヨリ来リ郭ノ東ヲ画シ小松村ノ間ヲ走ル。皆海潮ニ随テ干満ス。

ついで、小田鎮《しげ》光は龍造寺に敗れ蓮池は龍造寺の所領となる。後龍造寺隆信が島原において戦死するや鍋島直茂は、蓮池城をもって筑後への備えとする。そしてこの城を神埼城原の江上家種に与える。江上家種については校註葉隠（栗原荒野）の説明文から引用する。

江上家種　龍造寺隆信の次男で、勢福寺城主江上武種の養子。初名又四郎　權兵衛尉　左馬頭。漢高祖の裔太宰少貳春種、藤原純友征討の功に依りて筑前國三笠郡を賜はり、八代の孫種直の弟四郎太夫光種初めて筑後國三潴郡江上城を築いて居り、江上を姓とした。その孫種氏元寇の役の功に依り筑後國山門山下二郡の内並に肥前國神崎庄内の地を賜はり爾來代々神埼郡の地に威を振ひ、元龜二年江上武種龍造寺隆信と和し、其の次男家種を養子とした。家種の朝鮮役陣歿は、『直茂公譜』には本文と同じく文祿二年二月二日釜山浦に於て卒去とあり、佐野家系には慶長二年朝鮮に於て戦死とある。

これより城原の者が蓮池に移るのが多かったという。しかし文禄二年（一五九三）家種が朝鮮の役で戦死すると、蓮池は再び直茂の所属となる。

さて、再び鍋島に戻った蓮池の区割をみてみる。まずは大きく牙城・城内・郭内・郭外の四つに分けている。牙城の外部を囲む範囲を城内とし、西門、北門を設けている。その中には国老、門閥の邸宅があった。つまり藩の中心地である。内郭は城内を囲む四門、一水口を置く。なお水口とは外にある井戸のことである。外郭は諸士の家、寺院を置き、西小路、北小路口を設け一画にしている。内郭は市民の居住地で、本町、魚町、神埼町、城原町、紺屋町に分かれている。

総じて本藩の区割りの制に倣《なら》っている。例えば諸役所、蔵方部、大目附部などはその所在が本藩と同様である。さて城その他藩としての外見は整備されてきたが、問題は人材である。直澄は勝茂公に「今、地ありて人なし」とその実情を訴える。勝茂はまず三十一人を与え、更に十人を加える。これらの人々は皆才能があり鍋島又兵衛、石井又左衛門、鍋島主計、勝屋伊織、兵働古鉄などすべて門閥《ばつ》の人間でよく藩政に力を尽くすことになる。

この五人の中、鍋島又兵衛は勝茂が白石《しらいし》で猪狩《いのししがり》をした時、勝茂が射止めた大猪が倒れて皆死んだものと油断をしていた時、にわかに起き上り見物衆があわてて逃げた時、一刀のもとに抜打で仕止めたことで知られている。武勇の士であった。

なお又兵衛の父助右衛門は娘の不祥事で切腹している。切腹の事情について少し述べることにする。助右衛門は直茂の兄房義の次男であるから、直茂にとっては甥にあたる。藤津郡久間村に住したが、娘が寺の若僧と駈落《かけおち》、熊本にいることが判明。成富兵庫茂安が旧知である加藤清正に談じこみ、連れもどすが、生害を仰せつけられる。当時の男女関係の厳しさがしのばれる。

助右衛門父子も切腹を仰せつけられ、その際家来十八人もあとを追う。この時まだ乳のみ子であった又兵衛は婦人に連れられて逃げ、助かっている。

この事件の時直茂が「人を持たずして事を欠く」と嘆いている。つまり助右衛門を助けようとする人が居なかったことを悔《くや》んでいるのである。よく考えてみるとこの裁きは藩法どおりであった筈だが、直茂のことばを思うと藩法の運用にもある程度の柔軟性があったのかも知れない。この裁きは勿論勝茂の決裁であったろうが直茂には事前に伺っていなかったのであろう。如何にも直茂と勝茂の性格と心の差を感じさせる事件ではある。次に栗原荒野先生の「校註葉隠」からくだんの部を引用する。

鍋島助右衛門父子、娘の罪を負うて切腹、家來十八人追腹す

(一)鍋島助右衛門殿《なべしますけうゑもんどの》近所《きんじよ》の法華寺《ほつけじ》（淨土《じやうど》か）に談義《だんぎ》これあり、聽聞《ちやうもん》の爲助右衛門殿娘《ためすけうゑもんどのむすめ》參詣《さんけい》、寺《てら》より直《たゞ》ちに若黨《わかたう》と二人《ふたり》駈落《かけおち》、方々《はう〴〵》探索《たんさく》候《さふら》へども相知《あひし》れ申《まを》さず候《さふらふ》。程過《ほどす》ぎ候《さふらふ》てより、肥後《ひご》の家老《からう》に妾《めかけ》奉公《ぼうこう》に仕《つか》へ居《を》り申《まを》し候《さふらふ》談相聞《だんあひきこ》え、取手《とりて》度々《たび〴〵》遣《つか》はされ候《さふら》へども差出《さしいだ》し申さず候《さふらふ》に付《つい》て、(二)成富兵庫《なりとみひやうご》仰付《おほせつ》けられ候《さふらふ》。即《すなは》ち熊本《くまもと》へ罷越《まかりこ》し(三)加藤主計頭殿《かとうかずへのかみどの》へ御目《おめ》に懸《かゝ》り、「右女差出《みぎをんなさしいだ》され候様《さふらふやう》に。」と申《まを》され候《さふら》へども、「此方《こなた》へ駈込《かけこ》み申《まを》したる者《もの》に候《さふら》へば、相渡《あひわた》し候事罷成《さふらふことまかりな》らざる」由《よし》に候《さふらふ》。其《そ》の時《とき》兵庫《ひやうご》申《まを》し候《さふらふ》は、「御自分《ごじぶん》(四)高麗《こま》にて御難儀《ごなんぎ》を見次《みつ》ぎ申《まを》し候節《さふらふせつ》は、此《こ》の返禮《へんれい》に何事《なにごと》にても以來承《いらいうけたまは》るべし、と仰《おほ》せられ候《さふらふ》。この御無心《ごむしん》を右《みぎ》の返禮《へんれい》に申請《まをしう》くべくと存《ぞん》じ罷越《まかりこ》し候《さふらふ》が、御《ご》一言《ごん》無《む》に成《な》され候《さふらふ》や。」と申《まを》され候《さふらふ》。主計頭殿《かずへのかみどの》、「この上《うへ》は力及《ちからおよ》ばず相渡《あひわた》すべく候《さふらふ》。命《いのち》を御助《おたす》け給《たま》はるべきや。」と御申《おんまを》し候《さふらふ》に付《つき》、「その意《い》を得《え》候《さふらふ》」由申《よしまを》し候《さふらふ》て連《つ》れ歸《かへ》り、後《のち》に生害《しやうがい》。さて助右衛門殿父子《すけうえもんどのふし》には切腹《せつぷく》仰付《おほせつ》けられ候旨《さふらふむね》、檢使押懸《けんしおしか》け遣《つか》はされ候《さふらふ》。折節《をりふし》、碁《ご》を打《う》ち居《を》り申《まを》され候處《さふらふところ》、檢使罷通《けんしまかりとほ》り申《まをし》渡《わた》し候《さふら》へば、「御尤《ごもつとも》の御事《おんこと》に候《さふらふ》。先《ま》づ碁《ご》を御覽候《ごらんさふら》へ。」とて打《う》ち仕舞《しま》ひ申《まを》され候《さふらふ》。然《しか》る處《ところ》、家來共《けらいども》十八人罷出《にんまかりい》で、「御供仕《おともつかまつ》るべく」と申《まを》し候《さふらふ》。檢使《けんし》、「如何《いかゞ》」と申《まを》され候《さふら》へども、子息《しそく》(五)織部殿庭《おりべどのには》に下《くだ》り、「思《おも》い切《き》つたる者共《ものども》に候間《さふらふあひだ》、某介錯仕《それがしかいしやくつかまつ》るべし。」と、十八人共《にんとも》に首打落《くびうちおと》し、父子切腹《ふしせつぷく》なり。屋敷沿《やしきぞ》ひの川《かは》、一筋血《すぢち》に染《そ》み申《まを》し候故《さふらふゆゑ》、その頃《ころ》に血川《ちがは》と申《まを》し候由《さふらふよし》。助右衛門末子二人《すけうゑもんばつしににん》、乳《ちゝ》

持共《もちども》抱《いだ》き迯《に》げ申《まを》し候《さふらふ》。(六)蒲原《かもはら》善左衛門《ぜんざゑもん》蓮池《はすいけ》(七)鍋島又兵衛《なべしままたべゑ》なり。織部殿《おりべどの》の子《こ》、後《のち》に(八)鍋島源右衛《なべしまげんうゑ》門《もん》と申《まを》し候《さふらふ》。右《みぎ》の節《せつ》、直茂公《なほしげこう》仰《おほ》せに、「人《ひと》を持《も》たずして事《こと》を缺《か》く。」と御述懐《ごじゅつくわい》にて候由《さふらふよし》。これは助右衛門殿《すけうゑもんどの》を申乞《もうしこ》ひ候《そうろう》人これなき故《ゆえ》にて候《そうろい》やとなり。

領土は広域に点在し、藩政上不便なこともあったと思われるが、以上述べたように人材を集め一段落したが、直澄は父勝茂に「私は船を持たず、東上する時海路を取れず困っています。」と相談する。勝茂はすぐに池上七太夫という船に堪能な武士と船を与える。七太夫は勝茂が使いその能力を熟知している人間であった。後、直澄は彼を伊万里に置き、船子組頭として官船を掌握させる。そして、その子孫はその職を世襲することになる。なお、七太夫には四拾石が与えられる。これは組頭にある者の標準の石高であった。

この年小城元茂公の世子直能《なおよし》公が将軍家光に謁見《えっけん》を許される。佐賀藩三支藩の世子で将軍の謁見を許されたのはこれが初めてである。

寛永十八年（一六四一）二十七歳になった直澄は兄忠直の室であった恵照院（俗名弁利《むり》）と結婚する。気になる記述がある。直澄のことばとして〝父母ノ命ニ背キ難ク強イテ之ヲ納ムルトイフ〟それほど乗気でなく止むを得ず結婚した情況が感じられる。

詳細は伝わっていないが、当時知恵伊豆と称された松平伊豆守の子女との縁談があったとも伝えられており、そのことが胸中にわだかまっていたのかも知れない。あくまで私の憶測であることをお断りしておく。

しかし、松平伊豆守の娘との縁談は断わらざるを得なくなり、このことが前述した島原の乱の時軍令違反に問われた佐賀藩に伊豆守が強硬であったことは事実であり、史書には、この縁談の断りが伊豆の機嫌を損ねたとも伝えられている。しかし伊豆はこの時家光の命で軍監として出陣しているのであり、その立場として厳しくても当然とも思えてくる。

さて忠直前夫人は直澄と再婚後二十九歳で死去するが、直澄との間に嫡子直之《なおゆき》を出生している。直之は当時には珍しく八十三歳まで生存している。この時死去した忠直前夫人が本藩から支給されていた佐賀郡東西村の湯沐の地が蓮池藩の所管となる。慶安四年（一六五一）直澄は三十六歳になり勝茂、光茂に誓紙を呈している。

その内容は「光茂公ニ背クコトナク」は当然として次に「光茂公ノ勝茂公ノ意ニ悖《もと》リ邦家ノ爲ニナラサルコトヲ見聞シ、又意見アルトキハ即諫争ス可シ、座視傍観スル可カラス」少し直澄の態度に違和感がある。いくら直澄が光茂の叔父であり年齢差も大きいとはいえ、まるで本藩主を常時監視するような文意は、社会に於ける地位の高低を十分理解したうえでのこととは思えない。こういうことは本人の資質にかかわることであるので直澄のために惜しまれる。

たしかに光茂には幼少期に将来に不安を残すような行動もみられなくはなかったが、成人してからは十分その能力を発揮する。

次は当時の人物評価である。元禄年間に編まれた将軍家をはじめ全国の大名を網羅した、いわば当時の幕藩制提要ともいえる「土芥寇讎記《どかいこうしゅうき》」によると光茂は次のように評価されている。

「光茂、生得才智発明也。文武ヲ不レ学バドモ、行跡正シク、大様ニ、諸事大度ニシテ、無ク二兼ネタル事一、私欲貪リノ意地ナク、誠ニ大名風也。能ク義理ヲ正シ、淳直也。世間ノ勤メ不レ怠ヲ、然モ手取リノ所為ニハ非ズ。法ヲ守リ、或ハ歌道ヲ好ミ、旧記・記録ヲ集メテ披見ス。行跡静ニ穏順ヲ旨トシ、政道万事家臣ト談シ、家士ヲ哀憐シ、民ヲ撫育ス。誠ニ主将之器ニ足レリ」

ちなみに、光茂は評価の高い記述を得ているが、すべての大名が好意的に扱われているのではない。次はある大名に関する一部である。

「親父光政ハ天下ニ沙汰セシ文武両道之達人也。其ノ子トシテ不学文盲也。儒書・軍書等ハ如クレ山積重テ雖レ有リトレ之、一偏モ見タル事ナシ。故ニ理ニ暗ク、行跡不レ正カラ。昼夜酒宴・遊覧ヲ心トシテ……」

『土芥寇讎記』の編者は明らかでないが、土芥寇讎という言葉は『孟子』から出ている。以下『土芥寇讎記』から引用する。

『「君の臣を視ること手足の如ければ、即ち臣の君を視ること腹心の如し。君の臣を視ること犬馬の如ければ、即ち臣の君を視ること国人の如し。君の臣を視ること土芥の如ければ、即ち臣の君を視ること寇讎の如し」

これは孟子が斉の宣王に語った言葉で、君臣関係について君たるものの心得なくてはならない心的態度をさとしたものであるが、このなかに見える「土芥」と「寇讎」を書名にあてたところを見ると、そこには、将軍家には大名を把握するために、大名はその家臣を統率するためになにを理想とすべきかの教訓を盛り込もうとしたものという寓意があるように思われる』

なお寇は〝あだ〟の意であり、讎は〝むくいる〟の意であるので主君が臣を土や芥のように扱うと、臣は主君に〝あだ〟をもって〝むくいる〟という意である。

この中で、「文武ヲ不レ学バドモ」とは、やはり問題の多かった少年期を端的に表していると思われるが、「世間ノ勤メ不レ怠」あるいは、「政道万事家臣ト談ジ」となると、叔父直弘の厳しい諫言が実を結んでいるのが窺われる。この本は元禄年間に編集されているので、少なくともその在位中後半は、藩政運営の手腕も円熟し、その人柄も若年の砌《みぎり》とは、うって変わったものになっていたと思われる。直茂、勝茂によって築かれた鍋島佐賀藩の基礎は、二代光茂の代に封建制という時の政体を十分固めえたといえる。

まことに人の一生は、あまりに早急に結論を出すにはふさわしくない。

（拙著）「初期の鍋島佐賀藩」

ちょうどこの頃、本藩は三支藩が大名並の扱いを受けるため、参勤、その他費用が多く財政事情が苦しい。従って「今後、父子のうち一人が参府することに改めてほしい。」と幕府に願い出る。つまり支藩は三年に一回の参府にしてほしいと願ったのである。直澄は致仕しようと考えていたが、この結着を待つことになった。しかし幕府は「幕府は参勤の多きを好む」として許可しない。「今佐賀藩の申出を許せば、全国の各藩が同じようなことを申し出、参勤者の減が想定される」とその理由を語っている。寛文五年（一六六五）直澄は五十一歳で嫡子直之《なおゆき》にその座を譲る。三十一年の在位であった。晴れてほれこんでいた塩田の吉浦に別館を設ける。直澄は五十五歳で死去するので、四年間は寛《くつろ》ぐ時間を持ち得たことは、直澄にとっては至福の時間であったと思われる。なお、この四年間は剃髪して義峰と称した。

寛文九年（一六六九）心安らぐ時を過ごしたであろう吉浦の館で死去する。遺骨は吉浦の至誠山、佐賀の慶誾《けいぎん》寺、蓮池の潜龍寺（宗眼寺）にそれぞれ納められたが、慶誾寺の分は後に宗眼寺に移されたが、吉浦至誠山の分については特に記述がないので、そのまま置かれたものと思われる。塩田吉浦に対する直澄の思い入れを理解した周囲のはからいであったのかも知れない。

次にいかに直澄の塩田の吉浦、嬉野の吉田村を愛したかを蓮池藩日誌の原文で紹介する。

「公吉浦ノ地ヲ愛シ別亭ヲ数所ニ設ケ遊憩ノ所ト爲ス。嘗《かつ》て曰ク、吾カ百歳　後チ吾カ霊此ノ地ニ留マラントス。又タ吉田村ニ一荘ヲ置キ相往来常ニ詩歌ヲ詠シ、茶事ヲ習ヒ優遊以テ身ヲ終ルト云フ」なお吉田村は現在の嬉野町にある。

すでに述べたように蓮池藩は藩内各地の土地を寄せ集めて成立しているが、藩祖がそのひとつの地に生命を託するほど惚《ほ》れこんだのはほほえましくもすばらしいことかも知れない。

しかし、直澄の心はその子息にも以心伝心しみえていたとみえ、承応三年（一六五四）に出生した楽女（鹿子）は、島原に嫁したが、実家に戻り尼となる。そして塩田吉浦の地に光桂寺という寺を起こしその開基となる。

直澄はもって瞑《めい》すべしと言えるのかも知れない。

四代藩主鍋島直恒のこと（六代本藩主鍋島宗教《むねのり》との関連）

これより、蓮池四代藩主鍋島直恒についてふれていく。何故直恒かという理由は、病弱であった六代本藩主宗教をめぐる画策を書きとめておく必要があるからである。

なお後述するが、佐賀藩で唯一の一揆となった諫早一揆はその遠因が直恒の動きにあるからである。

それではまず直恒が心配した宗教のありようからみていく。

六代藩主宗教《むねのり》は父宗茂、母は貞樹院（京都の公家久世三位の娘貞姫）である。享保三年（一七一八）江戸溜池の藩邸で生まれている。二十一歳の時、家督を継いだ。久しぶりの若い藩主であった。この後重茂《しげもち》、治茂《はるしげ》と宗茂の子孫が藩主の座に就く。

鍋島宗教像

詮索するほどの事ではないかも知れないが、歴代藩主は藩祖直茂の「直」か「茂」をいずれも取りこんだ名前であるが、宗教のみはそうでない。系図を見て何か違和感を持つ。命名にあたっての事情は分からないが。ともあれ、元文五年（一七四〇）中院《なかのいん》通躬の娘綱姫（十四歳）と婚約、翌寛保元年（一七四一）結婚する。この二人は実子には恵まれなかった。

宗教が家督を継いだ時、父宗茂は病を得ていたとはいえ六十九歳で死去するまで十六年間生存している。宗教に関しては正式な公譜は残っておらず、また残されなかった理由も定かでない。『佐賀県近世資料』（四）には、次のように年譜不在の理由を推定されている。

「六代藩主鍋島宗教の年譜は略譜があるのみで存在しない。元文三年より宝暦十年までの二十年余の藩主在任期間を持つのに年譜が残っていないのは不思議である。年譜編纂の企画はあり、資料収集が進められたことは、倉町鍋島家の日記の天保六年（一八三五）二月五日の条に

一　宗教公御代始元文三年午十二月九日より安永九年子十二月迄

としてこの間の記録類を倉町鍋島家の旧記の中から調査して什物方に提出している。年譜類が什物方で保管されていたことと合わせて、編纂のために本藩以外からも広く史料を集めていることがわかる。しかし、結局は編纂されなかった理由は仮説として二つ考えられる。

一つは、せっかく集められた史料が天保六年五月十一日の二の丸の焼失で失われたことである。什物方がこの年の二月二十九日までに提出を命じて収集されていた史料は、二の丸の納戸方からの内部出火で急速に燃え広がり搬出できなかったことは当時の記録からも明らかである。もう一つの理由は宗教の治下でおこった諫早一揆である。宗教の後嗣問題にからんでの内紛という大きな事件は、仮に史料があったとしても編纂する上で記述に配慮が必

六代藩主宗教夫妻の墓（高伝寺＝佐賀市本庄）。左から寿綱院（綱）、光徳院（宗教）。

要である。史料の焼失と諫早一揆の編纂上の取扱いの困難ということで編纂が行われなかったのではないかと考えられる。」

しかし、後に記述する通り、家臣によってその座を追われようとした、佐賀藩ではただ一人の藩主である。もっとも本人も病弱であり、そのような動きを誘発する要因がなくもないが。それではそのような動きの原因はどこにあったのか。病父をかかえた宗教のありようには同情すべき点がある。

いずれの家にもありうることであるが、特に病を持つ親は自らが思う通りに動けないので、余計に人のすることに注文をつけたくなるものである。どうやら宗茂も宗教のすることに口出しをすることが多かったと思われる。藩主となっても自分の意のままにならぬ環境の中で、宗教の心のありようは必ずしも健やかであったとは言い難い面が伝えられている。気短になり、すぐ腰のものに手をやる行動があったようである。いずれにしても藩の浮沈にかかわる事件が起こる。その事件、諫早一揆の原因となる宗教を藩主の座から引きおろそうとする動きからみていく。

蓮池支藩四代直恒は宗教の日常に一抹の不安を感じていた。病弱のうえ時折感情を暴発させる姿に「大事に至らねばよいが」という思いである。たまさか同じ思いを抱いていた諫早八代の領主茂行《しげゆき》と語らうことがあった。茂行の室は直恒の妹である。二人の間にはこの際宗教のすぐ下の弟主膳(直良)を藩主とし、宗教に退いてもらうのが上策であるという思いで一致する。宗教自身も自分が病弱であるからいずれ藩主の座を弟のいずれかに譲らざるを得ない時が来ることは意識していた。しかし宗教は主膳が自分と同じく病弱であるので、主膳より九歳年少の弟右平太(重茂)を後継にと考えていた。

寛延元年（一七四八）十一月宗教は参勤途上、東海道川崎宿に入った。出迎えの中に蓮池の当主直恒がいるのに一瞬いやな予感が走った。何事かなければ支藩主がここまで出迎えに来ることはなかった。しかし、それがまさか宗教自身にかかわることとは知る由もなかったが。

直恒は宗教と対面し「実は酒井雅楽頭《うたのかみ》（忠恭）殿が、公儀の勤めを差し控えるようにとの御意思であられるので登城は御遠慮なさるほうがよろしいかと存じます。」雅楽頭は時の老中である。

宗教は問い返す「してその理由は」。直恒は言う「どうやら殿の御病弱を案じてのことと拝察しております」。何かふっ切れぬまま、藩邸に入った宗教は老中の意向であるとはいえ自分は確かに病弱ではあるが、勤めができないほどではないがと訝《いぶか》りながらも登城を差し控えた。しかしそうなると漠然と右平太後継をと思っていたことがにわかに現実味を帯びてきた。このあたり何やら宗教自身に藩主を退きたい心の動きがあったようにみえる。それは出仕差し控え、隠居、後継という流れの中で宗教自身が老中の真意を確かめようとする動きが伝えられていないからである。

しかし、ここで宗教に陪従していた鍋島茂英（弥平左衛門）が一連の動きに疑念を抱く。「どうもおかしい」ということであろう。「老中酒井雅楽頭に確かめなくては」この茂英の判断がまともであろう。茂英に対した雅楽頭は「実は摂津守（直恒）が、丹後守（宗教）は病身で外勤ができぬというので、公儀ではやむなく差し控えを命じたのであり、決して上意ではない」とやや戸惑いながら答えた。茂英は自分の直感が当たっていたことに安堵しながらも、これは大変な事態になったと新たな心痛が襲ってくるのを感じた。雅楽頭の言う通りであれば直恒が勝手に老中に働きかけ宗教引きおろしを図ったいわばお家騒動ではないか。下手をすると取りつぶしにもなりかねない。しかし幸運なことに茂英が的確に動いたことにより事件の初期で収められ大事に到らなかった。気の毒なのは雅楽頭で老中罷免のうえ上野廐橋（前橋）から播州姫路へ転封という処分を受けた。『徳川実紀』寛延二年正月十五日の項に次の記載がある。

「宿老酒井雅楽頭忠恭職を免じて溜間詰となり。上野国廐橋城を転じて播磨国姫路の城に移さる」

なお、直恒の処分については、宗教に一任された。このような経過を経て宗教は登城、また右平太も将軍家重に目通りを許され、その一字を拝領、重茂と改めた。

直恒は翌寛延二年（一七四九）十月下旬帰国直前死去する。四十九歳であった。

次に『諫早義挙録』（古賀篤介）によると

「佐嘉より鍋島十左衛門、中野數馬の兩人が江戸に登り、攝津守を伴ひ歸國せんとする折柄病俄に差起り、十月廿六日を以て卒去さる。國許では、之が十一月頃に傳ったが、心の咎めから自害されたものではないかと、噂とり〴〵であった。十二月廿九日、遺骸を蓮池に葬り、跡を男直之助に繼がせ、罪科は敢へて問はれな

蓮池四代直恒夫妻の墓（宗眼寺＝佐賀市蓮池町）

かった」

にわかの病であったとしながらも、国許では心の咎めから自害されたのではないかと噂されたと伝える。

最後に『多良岳と諫早騒動』（轟龍造）によると

「とうぜん、蓮池（はすのいけ）も諫早も佐賀藩の制裁を受けるのだが、蓮池の鍋島直恒は江戸屋敷で急死（自害）。親類のよしみで領地はそのまま、あえて罪に問われることもなかった」

と急死したが、それは自害であったと断定している。

これらのことは、「遠羅天釜《おらでかま》」、「さし藻草」（いずれも白隠禅師法話）に残されている。付け加えれば白隠は直恒を英邁《えいまい》な藩主として高く評価している。

それでは、このように心的面ですこぶる高い境地にあったと思われる直恒がなぜ「藩主押込」という非常手段を目論んだのか。

一つには藩主宗教のありように大きな危機感を持ち、あるいははじめから死を覚悟してのことであったという推定である。

また、直恒と老中酒井忠恭との関係である。光茂の娘お光は元禄八年（一六九五）綱茂養女として、越後高田の榊原正邦へ嫁ぐ。この二人の間に生まれた娘が忠恭の妻である。お光の妹お屋津は直恒の妻となる。つまり直恒の妻は忠恭の妻の叔母になる。このような間柄であれば、直恒と忠恭は何かと談合する機会も多かったものと推量される。いわば相談を持掛けやすい状況にあった。

いずれにしろ一藩の主を退けようというのだから一死をかけた直恒の決意であったことは疑いない。後に述べるように病死説を否定したくなるゆえんである。

直恒の死については、さまざまな見方があるが、まず「蓮池藩日誌」寛延二年十月の項である。

「十月用番松枝善右衛門。十三日公病重シ之ヲ宗藩邸ニ報ス。十四日公石井執政ヲ小城・鹿嶋ノ両藩邸ニ遣シ、両公ニ嘱托スル所有リ。是レ若シ諱サル有ラハ封地継襲ノコト宗藩ノ幕府ニ申請スルハ、成例ノ如クスルヲ得ント云フニ在リ。十六日公江府麻布藩邸ニ卒ス。享年四十有九。武州衾村ニ於テ荼毘ス。後チ宗眼寺ニ葬ル。法号龍華院殿実厳玄成ト称ス」

直恒が病重く石井執政をして小城・鹿島両支藩の藩主に依頼事をしたこと、そのような直恒の行動は病が重かったからだと病気説をとっている。何の病気と具体的には付記されていないが、先述の白隠禅師の直恒への手紙には直恒の体調がよくないことが記されている。

あえてどの説が真実であるという確証はないが、いざ国許に帰る時になり、にわかにということを考えると、『義挙録』にいう「自害されたのではないかという噂」が当時の人々の受けとめ方であり、実情に近いのかも知れない。自らの思うように事が運ばなかった直恒にとって酒井雅楽頭の老中罷免、転封という処断は消し難い心の負担となったはずである。武士として自ら死を選んだとみる方がこの場合真実に近い気がする。いやむしろ先にも述べたように、はじめから死を覚悟してのことであったとみるべきかも知れない。ただ、事件発覚後およそ一年を経過し、しかも帰国直前の死はなおいろいろと疑念を抱かせる。直恒の死はあったが、蓮池藩には何らの問責もなかった。一方諫早家には厳しい処分がなされる。まず酒井雅楽頭への使をした横田杢左衛門は切腹、領主茂行は知行一万石没収のうえ、蟄居隠居を申し付けられ家督は十四歳の嫡子行孝が継ぐ。

この諫早家に対する処分も事件後一年、しかも直恒死後およそ一ヵ月後に行われているのはどういう事情があったのか。事件の一連の流れは必ずしも自然ではない。

（以上、拙著「江戸半ば鍋島佐賀藩」より）

さて宗教のありようと、これにかかわった直恒の話が長くなったが、直恒は享保二年（一七一七）父直稱《なおのり》の後を受け蓮池藩四代藩主となる。十七歳であった。

この年、本藩では藩祖直茂公の百年祭をとり行なっている。蓮池藩では直恒を迎えるため官船を豊前の大里にまわし、十二日に江戸をたった直恒は十四日に轟木駅に着く。十五日着城、直ちに二代藩主直之（了関公）の館に入る。

なお、豊前の大里は今の大分県で、ここから瀬戸内海を通り、大坂に着き、あと江戸まで陸路をとるのが佐賀藩の常道であったようだ。

この年享保三年（一七一八）佐賀城三の丸にあった蓮池藩聞番役所を片田江小路に移している。これは五代本藩主宗茂（海量院）の居を定めるためであった。

なお、宗茂は享保十五年（一七三〇）藩主になるが、享保元年（一七一六）には四代吉茂の養子となり、後継藩主と目されていた。

同じ享保三年八月幕府より青松寺において梶井宮饗応を仰せつかる。早速、これに従事する藩士二十五名を江戸へ送る。加えて費用の必要がある。まずは藩士の給禄に手をつけ出米を命じる。いわば減俸である。更に本藩に紹介を頼み長崎の商賈《コ》から三百貫の借金をする。詳細に費用と人員をつめて先に送った二十五人の中十名ほどを国元に帰す。

享保五年（一七二〇）八月、江戸神田橋門衛を命じられる。早速地元から十名ほど上京させるが、享保六年（一七二一）四つ谷の火災で藩邸が類焼し門衛の任は解かれる。

享保九年（一七二四）には藩士の窮乏が目につき、侍一組毎に米を手当し、又手明鑓は一組毎に同じく手当をしてその生活を援助している。ここで組というのは多分江戸時代の武士は有力武士の元に戦闘体制として組を編成していたので、それを指すと思われる。しかし、通常藩士の俸禄が藩財政の苦しい状況を救うため、いわゆる借上という減俸措置は数多くみられるが、特に災害でもないのに、こういう措置はまことに珍しい。つまり俸給を上げるほどの理由が残されていないのである。

享保十二年（一七二七）直恒は三月四日に塩田・嬉野に行き十二日に蓮池に帰る。

享保十七年（一七三二）佐賀藩は空前絶後の凶作に見舞われる。その被害は甚大であった。

さて、凶作がおこるとまず食べるものがないという深刻な事態になり、早急な対応がもとめられる。藩では大配分（三支藩、竜造寺四家など所領の多い組織）等とその対応を協議するがそれぞれの事情もあり、すんなりと方向はみえてこないが、何しろ住民の生命にかかわることであり、猶与はおけない。

藩の上層部で方針を決めず、全体にはかったことがこの飢饉の重大さを示している。その実態を拙著「江戸半ば鍋島佐賀藩」の「享保の飢饉」から引用する。

享保の飢饉

佐賀藩政史上空前にして絶後の約八万人の餓死者を出した享保の凶作は諸郷より寄せられた次の注進から始まる。享保十七年（一七三二）「六月十九日、諸郷より災異之註進あり、当夏初より御国中、田畤《ちゅう》、蝥賊《ぼうぞく》生じ、漸々蕃育《ばんいく》し、青苗《せいびょう》ハ申《もうす》ニ及《およ》す……」と、蝥賊《ぼうぞく》（稲などの植物を食べる根切虫）が発生増加し、稲はもとより百草までも食い荒らし、田畑が残らず被害にあったと報告されている。このままでは来年蒔く種子もなくなるのではないかとも予想され、国家の一大事である旨が記されている。そして注進してきた郷は次の通りで、ほぼ藩の全領に及んでいることがみえる。

一有田郷　一伊万里郷　一横辺田西郷　一養父郷　一橋下郷　一諫早　一三根郷

一神埼郷　一中佐嘉郷　一佐嘉山内　一白石秀郷　一神埼口山内　一七浦郷

さらに次の記述は悲惨を極める。

「一七月頃よりハ蟊賊《ぼうぞく》既《すで》に御国中に遍満《へんまん》し、御蔵入領中石数《おくらいりりょうちゅうこくすう》七拾二万九千二百四十八石五斗、皆否に相成《あいな》る、但《ただ》し、東都柳営《とうとりゅうえい》へハ三拾四万石余と御達《おたつし》なり、其上疫癘《そのうええきれい》流行し、餓莩《がひょう》道路に相《あい》望《のぞ》ミ、数万人に及と云《いう》、山林之果実既《すで》に尽《つき》て、田野実に生草なし、因て牛馬之斃死八万九千疋に及ふ、前代未聞之大災変なり、此災異《このさいい》、本藩のミならす、九州より中国ニ至る迄皆蝗害《までみなこうがい》を被《こうむ》り、米価次第に騰躍《とうやく》し、既に九穀も尽て、艸木《そうもく》之根実を掘り食ふといへとも、飢を凌《しの》くによしなく、言語道断なり、是より先、財賦制《ざいふせい》を失《しっ》し、国用不給、依て内帑《ないど》之銀一万貫目に近く経費に闌入《ちんにゅう》す、是を以て、凶荒《きょうこう》の御備《おそなえ》乏《とぼし》く、饑民《きみん》之賑済する術なし、従来政府経済人に乏く致す処なり、公深く慨歎《がいたん》し玉ふ

一同月廿九日、白山八幡宮・稲荷社を向陽軒之内に御勧請あり、是公深き御心願に依て御鎮座遊ハさる」

（宗茂公御年譜）

これによると、七月に入り蟊賊《ぼうぞく》がいよいよ猖獗《しょうけつ》をきわめ、そのうえ疫病がはやり、行き倒れる者が数万人に及んだ。また田野に生草がなくなり、牛馬の斃死《へいし》は八万九千頭にのぼった。この災異は佐賀藩のみならず、九州はもとより四国、中国に至るまで皆蝗害《こうがい》の被害を受けた。ついには草木の根ま

で掘り起こして食べても飢えをしのぐすべがなかった。さらに藩には凶荒に対する備えがなく、飢えた人々を救う手立てがなかった。藩主宗茂が深く嘆いたことが記されている。なお、蝗とはウンカのことである。従ってこの記述に従うと、根切虫とウンカの双方が異常発生したものと思われる。

この結果、享保十六年（一七三一）に三十七万人であった領内の人口が享保十九年（一七三四）には二十九万人に減少し、およそ八万人の犠牲者が出ている。かつてない凶作を前にしても、なお藩主宗茂の意向と三支藩はじめ大配分層との間には対立がある。まず宗茂は三支藩はじめ大配分も見分の対象としている。

「…大配分《だいはいぶん》などはその儀御別条《ぎごべつじょう》なく、あい廻《まわ》らずそうろうてもあい済《す》むべき儀《ぎ》にそうろうとも、百姓はすべて上《かみ》の百姓にそうらえば…」

と藩内の百姓はすべて上の百姓であるから、統一的救済の必要があるというのである。しかし、諫早領ではこの年七月に藩による見分が終わったが、その結果諫早領独自で行った見分より損耗高が少なく見積もられていた。蟄居中の茂晴は、このような大損耗の時は、「自領の救済は自力で」という考えを示し、やがて来る収穫時の藩の見分を拒否している。おそらくは、損耗の度合いを少なく見積もられたように収穫時も藩の見分を許せば今度は収量を過多に見積もられることを危惧したものであろう。茂晴の主張には、本藩に対する大配分の相対的独立の感情が強く滲んでいる。

多くの餓死者を葬った佛心寺
（佐賀市大財）

佛心寺にある飢饉餓死者の供養塔

幕府も広範囲にわたる被害について対策を執っていく。まず参勤について

「西海、山陽、四国蝗災にかゝり。飢饉のよしきこゆ。火災にかゝるか。または封地凶荒の時は、そのさまにより。参勤の期ゆるし給ひしこともありしが。こたびは凶荒の国多ければ。さもなしがたし」（徳川実紀）

と、あまりに被災の国が多いので、参勤を免じるわけにもいくまいとその苦衷が記されている。

また幕府は同年八月二十三日大坂城代土岐頼稔に命じて蝗害の実情に応じて米を送り売却させることにした。その米は九月二十三日から積み出され、佐賀藩の場合、大村に着く予定になっていた。そ

の量は佐賀藩を含む肥前という形で七七〇〇石であった。ところが大村湾は十月十六日から十二月七日まで逆風にさらされ着岸できなかった。悪い時は天も味方しないものとみえて、かろうじて露命《ろめい》をつないでいた人々もこのため餓死する。加えてこの年は十月頃から雪が降るという最悪の事態を招いた。ふりかえると、時の請役家老、諫早茂晴罷免の理由の一つともなった三月の病犬多発、そして六月のウンカ大発生、さらには十月の雪という異常な事態をみると、すべての発端は三月の病犬多発の時にあり、自然界の営みが人智を越えたものであることを思わせる。次は『凶年記』（鍋島文庫）に残された生々しい記述である。

「同十月ゟ降《よりふり》たる雪《ゆき》、翌弥生比迄不消《よくやよいころまできえず》、寒風膚《かんぷうはだ》を裂《さき》、飢寒《きかん》の二ツに命を不保者《たもたざるもの》算数《かぞうるにかず》を不知《しらず》、稀《まれ》に親族ある者ハ寺院に葬し、墓に捨て帰るもあり、埋《うずむる》こと浅《あさ》きものハ狐狸《こり》の為《ため》に掘出《ほりいだ》さる、此時《このとき》寺院も手《て》ニ不及《およばず》、駅路大路《えきじおおじ》に行倒《ゆきたおれ》シ族ハ、役夫寺主に命して掘込《ほりこめ》、端々《はしばし》に死遠仕の下﨟下輩《げろうかはい》も急速《きゅうそく》公所《こうしょ》へ通達《つうたつ》、上司下司《じょうしげし》註進演達無間断《ちゅうしんえんたつかんだんなし》、然共《しかれども》下賤《げせん》の奴、双親死《そうしんし》すれ共《ども》、一子㦝《トウ》として不助《たすけず》、夫婦兄弟死亡に臨《のぞ》め共、悲歎《ひたん》の涙睫《なみだまつげ》を不レ濡《ぬらさず》、剰暫《あまつさえしばらく》の命を助けんといふ者あれハ、抱《いだ》ける幼児《ようじ》を深淵《しんえん》に沈《しず》めて身を人に委《ゆだ》ぬる女あり、嗚呼浅《ああああさ》ましき哉《かな》、此時に当て四端《したん》の心尽果て、蛮夷《ばんい》の行《おこない》をなせり、糜粥《かゆ》小屋の前にハ、日に五・六十人死躰築山、男女露形赤《ろぎょうあかく》、野外に掘込時ハ同穴に廿人、三十人、誠に目も当てられぬありさま也、如此《かくのごとく》餓死せる者ハ、閉眼《へいがん》すといへ共、死體《したい》わか（す脱カ）に赤黒色也、是穀《これこく》を絶《たつ》か故也《ゆえなり》」

享保十七年（一七三二）七月、佐賀藩では、宗茂が百姓および家中の救済、江戸表相続、参勤について協議を命じているが、参勤については「御免除願い出て、その分の経費を救済に充てては」という意見も出されている。

しかし、「宗茂公家督後初めての参勤なので、そういう訳にはいくまい」として結局参勤することになり、救済に充てられる費用は藩の持ち山を伐りこれを売却することにより捻出することになった。参勤については先に述べた『徳川実紀』にある通りその免除を願い出ても許可されるのは難しかったと思われる。

さて、米の大村着は遅延したが幕府は「恩貸の金下し給ふべきにより」（徳川実紀）三十万石以上に二万両、あと石高別に最下位の一万石以下は二千両貸し付ける措置をとり、これを大坂の官庫より支出し、二年後の享保十九年（一七三四）から五年限りで返済させることにした。佐賀藩には二万両貸与されている。

幕府は米の緊急放出、被災領国への貸与などの救済策を執る一方で、このような凶年への備えは、国主、領主がかねて意を用いておくべきであるという考えを示す。

「西国、四国、中国辺の諸大名に令せらるゝは。領内蝗災にかゝり。農民等飢餓にも及ぶべきやと御沙汰に及ばれき。凶年の備へは。国主。領主かねて心得べきは勿論なり。…」（徳川実紀）

としながらも、

「されど今年の災はことに夥しきこと故。…」（徳川実紀）

と各領国の立場に理解を示している。このときの災異がいかに広範囲にわたり、深刻であったかを物語るものといえよう。幕府のいう領国の心得であるが、佐賀藩については、財政窮乏のためその費《ついえ》に充てるため米を売却しそのような備蓄はなかったのが実情であったと思われる。（拙著「江戸半ば鍋島佐賀藩」）

本藩は「それはよくない。もう一度歳入、歳出について検討するように」と指示している。そこで蓮池の報告をみると「不足米三千九百九石三斗五升八合となっている。又幕府門番にどれほどの人員が必要かなども報告されている。ついで門番石井又左衛門は「歳入米は三千四百石の欠損で国庫の影響は多大であるので藩士の実態を詳《つまび》らかにして意見を聞きたい」と述べている。

なお、参勤交代が如何に各藩に負担になっていたかを次に述べる。

俗に参勤交代は諸藩の勢力をそぐため幕府のとった政策ともいわれているが、確かに遠国の藩にとってはその負担は想像以上のものがあったようだ。蓮池が参勤遠期を陳情するのも無理からぬことであったと思われる。この享保の飢饉の時は多くの藩が幕府に陳情したようである。

なお、参勤の費用については、かつて加賀百万石と佐賀藩と比較したことがあるので次に掲げる。私個人の計算なので必ずしも正鵠《せいこく》を得ていないかも知れないが、参考までに引用する。

次は拙著「江戸半ば鍋島佐賀藩」に記載したものである。

ここで参勤の費用についてふれておきたい。

まずは初代藩主勝茂の寛永期のことである。『幕藩制社会の財政構造』（長野暹）によれば、

「江戸滞在費用銀四九〇貫、参勤道中の路銀・駄賃・進物費などに銀一〇〇貫、また江戸での進物費用二五〇貫という内訳であり、銀八三〇貫が必要になっていて、進物関係の費用が比較的多いのが注目される。参勤の年に参勤費用が銀七〇〇貫ほど必要なのは、寛永六年の見積りでも銀七〇〇貫が「江戸御遣料」として計上されていることからもうかがえる。このように多額の経費を要しているが、これは随伴する家中の場合も同じで、参勤体制を整えるためには家中参勤費の問題を処理する必要があった」

藩政当初から、参勤に要する費用について勝茂が物価高騰のため、銀不足が懸念されるとし、そのつもりをしておくよう命じている。

このように藩財政にとって多大の負担となった参勤交代制は、諸大名の力を削《そ》ぐことになり、結果

として中央政権安泰の実をあげた。当然佐賀藩のみならず諸大名は江戸と国元の二重生活を余儀なくされ、道中にかかる時間と財政負担により窮乏することになる。特に佐賀藩のように遠隔地にあれば参勤の費用は江戸に近い藩より相対的に重く、先述の初代勝茂の時から既に藩財政に大きな負担となっていたことが窺われる。

遠隔地ということを念頭において参勤の費用が、今日の貨幣価値でどの位になるのか。まず加賀藩十三代前田斉泰が文政十年（一八二七）に参勤した時の供の人数である。

総供人高　一、九六九人

内訳

○藩から地行または切米を受けている者　一八五人
○右の直臣一八五人が家禄に応じて連れていく従者　八三〇人
○藩の雇用者　六八六人
○宿継人足　二六八人
○家中の乗馬　三二疋
○駅馬　一八八疋

右の規模で、金沢から東京まで十二泊十三日間、徒歩で旅をしたとして『参勤交代道中記』（忠田敏男）の試算を次に掲げる。

まず全員が一泊六〇〇〇円で宿泊したという前提である。

○一泊二食宿泊費　二〇〇〇人×十二泊×　六〇〇〇円＝一億四四〇〇万円
○昼食費　二〇〇〇人×十三食×　六〇〇円＝　一五六〇万円
○馬一泊二食宿泊費　二〇〇疋×十二泊×一万五〇〇〇円＝　三六〇〇万円
○馬の昼食費　二〇〇疋×十三食×　一五〇〇円＝　三九〇万円
計　一億九九五〇万円

以上によると二〇〇〇人の人間が金沢から東京へ徒歩で動くと約二億円を要することが分かる。佐賀藩の場合は加賀藩百万石に対し、三十五万石で供揃の人数も半分以下であったとしても道中は三十泊を超すわけであり、その経費は、右の例で供の人員五〇〇人、三十泊として試算すると約一億二五〇〇万円となりその負担の大きさが遠隔地なるが故であることが分かる。残された資料が参勤費用に苦しんだことを窺わせており、相当の負担であったはずである。

次に参勤に要する費用が藩全体の予算に占める割合は、明暦元年（一六五五）の予算総額の約半分が参勤関係費で、きわめて重い比重を財政支出にかけていることがわかる(『幕藩制社会の財政構造』長野暹)。

参勤を制度化し幕府への忠誠の証とする政策が、見事に功を奏していることが数字でみえてくる。しかし、本来の参勤交代の意義については、『将軍と側用人の政治』（大石慎三郎）には次のように述べられている。

「参勤交代」というシステムについて、諸大名の経済力を弱めるのが目的だと説明されることがあるが、それは当たらない。これは本来、幕府の掌握する軍事権の発露なのであり、諸大名は幕府の指揮下に入って一年間の軍役につくために、所定数の家来を連れて江戸に来る義務があるのである。「徳川体制」といっても幕府は諸藩から米一粒たりとも貰っていないわけだから、日本全体の防衛費を全ての藩で負担するのは当然のことであった（ちなみに幕府が諸藩から米を献納させたのは、財政改革のために八代将軍吉宗が上米令《あげまいれい》を出した七年間だけである。この時には反対給付として参勤交代が半年分免除されている）」

にもかかわらず結果として参勤の費用負担は諸藩の経済に大きな負担であったことは否定できまい。つまり、諸藩は何をおいても、参勤の費用は絶対のものとして確保する必要があった。

蓮池藩の梶井宮饗応は本藩の紹介による金策（長崎）と藩士の出米により無事すむが、安永三年（一七七四）小城藩は有栖川宮御馳走役に莫大な費用の捻出に苦しむ。以下、小城町史（昭49・3）よる。

(1)有栖川宮御馳走役命じらる

安永三年（一七七四）二月二日、小城藩主鍋島直愈は来る三月五日に「対願」が江戸で行なわれる有栖川宮織仁親王御馳走役を幕府より命じられた。勅使としては広橋大納言、姉小路大納言、院使としては難波前中納言が勤め、三月五日に対願、七日に御馳走、能、十一日に勅使、院使の発輿（帰還）、十三日に有栖川宮発輿という日程になっていた。準備期間は約一ヶ月しかなかった。

当時の佐賀藩主は明和七年（一七七〇）に家督相続した八代藩主治茂（泰国院）であった。その上に大殿様として宗教（光徳院）がいた。小城藩においてもすでに隠居身分の直員がいた。安永三年は治茂が佐賀に在国中で、小城藩主直愈は丁度在府中であった。

小城江戸屋敷より連絡を受けた佐賀江戸屋敷の留守居頭人嬉野外記は先年伏見宮御馳走役を勤めた日向肥沃藩伊東大和守の留守居役にその費用を尋ねたところ、六千四百両余りの入費であったという。

鍋島直愈墓（星巌寺）

しかし、金二千両と米四十石余りは幕府が援助してくれたということであった。有栖川宮一行の人数は伏見宮の時よりも多いといわれ、物価も高値の折であるから九千両から一万両の費用がいると考えられた。

二月十二日、小城藩江戸家老野口文次郎は銀方役相原文左衛門、守三郎（鹿島藩主鍋島直凞養子、小城藩主直愈実弟）の家老久布日政太郎、常丸（蓮池藩主鍋島直寛嫡子）の聞番をともなって、嬉野外記を尋ね、小城藩は四年前の仙洞御所普請手伝、二年前の江戸大火における江戸屋敷類焼、その上に数年来の領内損毛（不作）で財政は困窮しているのでとうてい御馳走役はできない。そこで本藩から財政援助をしてほしいと申しでた。

ところが本藩においても年来の財政困難と二年前の江戸屋敷類焼でまたまた財政困難のため、幕府勤務も手をぬいており、江戸屋敷普請の費用も途方にくれている状態である。藩主治茂も在国中であるため千両だけしか援助できないということであった。

本藩留守居役嬉野外記としては、もっぱら「…此節の儀に候へば、諸道具など質物に差出候てなる共、なるだけ調えいたす儀…」が大切だとか、「…此節の一通り、押々にも相勤められ候通これなくては相叶《かな》わず…[1]」と、御馳走役をお断りすることなく、八方に手をつくし、どうにかこうにかしながらでも勤めをはたすように強く説得した。

二月十九日、直愈は直接嬉野外記の使者を屋敷によび、本藩が千両だけしか援助してくれなければ、費用調達の目途はまったくたたないので幕府に拝借金を願おうと思う。それについて小城藩より直接幕府へ願う先格（前例）がないので、本藩のほうから懇意の老中へ伺ってみてはくれないかと頼んだ。しかし本藩家老方としては在国中の藩主に指示を仰ぐには日数がなく、判断に苦しみ、「押々にも相勤められ候通これなくては相叶わず」とくりかえすほかはなかった。

(2)幕府へ拝借を願う

二月二十五日晩、野口文次郎は嬉野外記の屋敷に赴き、明二十六日幕府へ拝借願を出すことを告げた。外記は再度思い止まるように説得した後、翌朝早く松平右近将監、松平右京太夫（輝高）、田沼主殿頭（意次）、水野出羽守（忠友）の用人を尋ね、拝借願の件を頼んだが、用人段階までの話で埒はあかなかった。

直愈は御先手の長谷川太郎兵衛の先導で、用番（当番老中）板倉佐渡守（勝清）に次のような願書を提出した。(2)

私儀、今度参向の有栖川宮御馳走壱人仰付けられありがたき仕合に存じ奉り候、これによって右御用向申付け候処、兼て不如意(3)にまかりあり候上、去々年(4)の類焼、其上在所損毛打続き勝手向（財政）極々差支え、右入用金相整わず候、勿論在所へも金子仕送り候様早速追々申付越候へども、遠国の儀にていまだ否の儀申しこさず、何時到着仕る哉もはかり難く存じ奉り候、有栖川宮の御着府も来月の朔日の由御座候へども、日間相通り候に付、右入用金調達猶又稠敷申付候へども相整わず難儀至極に存じ奉り候、これによって甚だ恐入り奉り候へども金七千両拝借付られ下されたく願い奉り候、願の通り仰付られ下さるるにおいては、此節の御用滞りなく相勤め申すべくとありがたく存じ奉り候。以上

二月廿六日　　　　鍋島加賀守（直愈）

有栖川宮御馳走入用金凡積
金九千五百二十両程
内
同七千両　　拝借高
以上

板倉佐渡守はこの願書を受けとらず登城してしまった。このあとすぐ野口文次郎は嬉野外記の所に

きて、今晩から明朝までのうちに金二千四百両余りがないと、有栖川宮「対願」の場所、貝塚正松寺の請負の職人に支払いができず、請負職人たちは引払うと抗議しており、再度幕府に拝借願を出そうと思っていると伝えた。

同夜、嬉野外記の下役空閑惣右衛門は水野出羽守の召喚によって出頭したところ、拝借願について問いただされた。惣右衛門は小城藩だけでできない時は、本藩、蓮池、鹿島の四家が協力して入費を調達する旨を約束し、水野出羽守を安堵させた。

佐賀藩は節句前遣料として大坂から送ってくる予定の二千両を当にして、江戸の御用商人糸屋金右衛門、松屋十兵衛に調達方を頼んだが、急なる大金であることと、借金がかさんでいることもあって、二十七日朝やっと千両をとどけてくれた。小城藩で調達できたのが二百両、守三郎（鹿島）が五百両の千七百領であった。あと二月末までに千両、節句（三月三日）前に二千両が調達できなくては、有栖川宮対願は準備が整わない。

「泰国院様御年譜地取」
（佐賀県立図書館蔵）

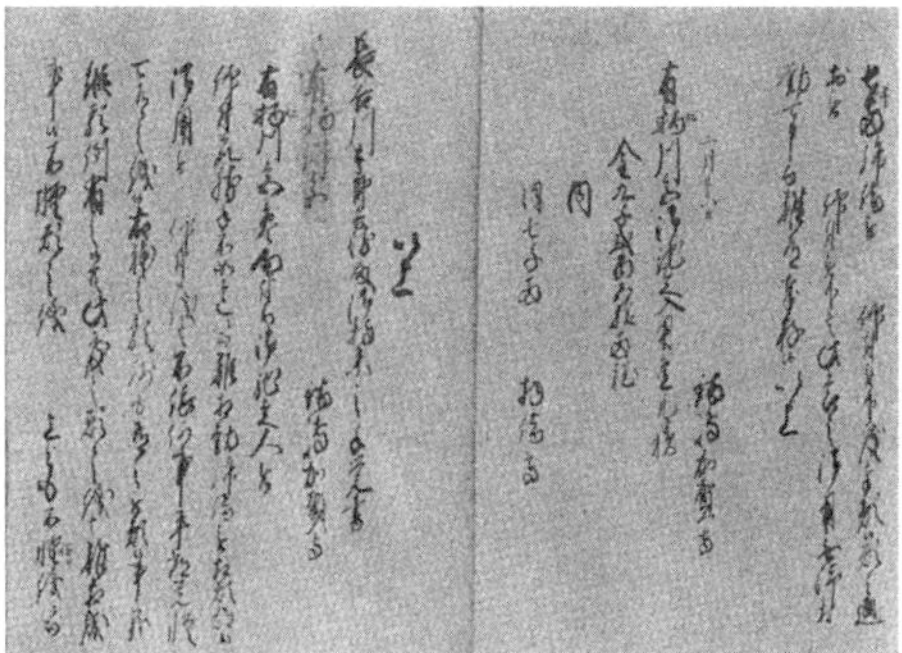
拝借願（「泰園院様御年譜地取」）

(3) 差控を命じらる

小城藩の拝借願を却下した幕府は、御先手長谷川太郎兵衛をもって次のような厳しい返書をもたらした。[5]

有栖川宮参向に付て御馳走人仰付けられ候処、勝手不如意にて相勤め難く拝借願われ候、却て御用仰付けられ候儀は、何事によらず平常覚悟これあるべき儀に候、右体の類何もこれあり願われ候哉、たとへ類例これあり候共、此度の願の儀は相成されがたき事に候、軽からざる願の儀上をも憚らざる儀にて、願はこれあるまじき事と存じ候、本家ならびに一類中へも相談これあり候上、本家より願わるべき程の儀を、如何なる心得に相決し不束なる事と存じ候、強いて願わるべき所存これあり候はば御沙汰もこれあるべき候、

このような厳しい幕府の態度に対して、二月二十八日、直愈は「…無調法の段恐入り存じ奉り候、これによって差扣の儀如何仕るべきや、伺い奉り候…」と伺ったところ、御馳走役をすました上でもう一度伺うよう達しがあった。

有栖川宮が発輿する前日の三月十二日までに、遠州様(四国宇和島の伊達氏)からの拝借や大殿様宗教の御手元金、麻布の蔵の道具を売ったりして四千百両(小城藩で調達したのは三百五十両であった)を調達し、これによって無事、御馳走役を終えることができた。

三月十六日、幕府は小城藩主直愈、佐賀藩主治茂に「差扣」[6]を命じた。直愈には「平常覚悟これあるべき儀、不束なる事」として、治茂には「肥前守本家の儀に候へば、右体の儀これなきよう心付、

家来へも申付置くべき儀不行届の事に候」という理由であった。このほか、蓮池、鹿島の両家も「御目見遠慮[7]の処罰を受けた。

一方、佐賀藩全体においては、次のような達書が出された[8]。

右御差扣仰上げられ候に付て領中端々まで急度相慎みまかりあり候様、尤も左の通り御停止これを仰付けらる。

一、御家中下々百姓町人に至るまで月代を仕らず候事。

一、謡・乱舞・高声・鳴物・作事など停止の事。

一、町屋の見世蔀を卸し、触売停止の事。

一、から臼・油〆・綿打・鍛冶・桶屋細工相止候事。

同年五月十七日、差扣の刑を許され、六月一日には御目見遠慮格を許されている。

約二ヶ月間にわたって佐賀藩全体を沈黙下に置いたこの事件も、最後に直接担当者の処罰が残っていた。

(4) 関係者の処罰

藩主の差扣が許されたあと、七月二十八日小城藩江戸家老野口文次郎、銀方役相良文左衛門、富岡惣八は佐賀へ送られて、野口文次郎は多久美作へ、文左衛門、惣八は鍋島山城へと預けられた。

この年の十月二十七日に処罰が決定された。

家老野口文次郎　　切　腹

多久美作の私領萩野村普泉院において、介借は美作家来石井庄右
衛門

相良文左衛門、富岡惣八　牢人

江戸屋敷留守居頭人嬉野外記　牢人

江戸屋敷留守居空閑惣右衛門、志波喜左衛門　隠居牢人

関係者の処罰が遅れたことには、その立場にあって不可抗力ともいえるような事件であったので藩としても処罰への踏切りがなかなかつかなかったものと考えられる。嬉野外記の子五郎太夫は後に半知にてふたたびかかえられている。

普泉院（佐賀市嘉瀬町萩野）

この後、三家御役御備金（一名舫金《もやい》）というものが設けられた。(9) これは毎年三家より出米して本藩でこれを預かり、三家が公役を命じられた時に、この積立から費用をだすことになった。有栖川宮御馳走役事件によって、同じような事態が起らないように考慮されたものである。

この時蓮池藩は、本藩を通じて参勤の免除を申し入れようとしたが、これは無理な相談であったようだ。

享保の飢饉は全国的な規模で生じていて、幕府も応接に困るほどの事態であったが、時を経て落ちついてくる。

最後に直恒の生死をかけた政治行動を冒頭にかかげたが、藩自体がどのようにみていたか蓮池日史からその要点を記載する。

まずは酒井雅楽守《うたのかみ》に面会し、本藩主五代宗教《むねのり》が病であることを告げる。問題はここから生じたのである。つまり、幕府も参勤免除を考えたが「何しろこのように多くては」と、免除した時には上京する藩が極端に少なくなることを危惧したのである。

直恒が鍋島主膳擁立に動いた真相

独リ古老ノ伝ル所ノ者ヲ聞クニ曰ク、公曽テ閣老酒井雅楽守ニ会ス。公ニ謂テ曰ク、宗家宗教疾ム所有リ。豈ニ幕府ノ奉仕ニ任センヤ。本年参府有ラハ其登幕之礼ヲ修メス。直ニ致仕ヲ請フニ如カス。君之ヲ宗教ニ告ヨト已ニシテ而シテ宗教公東上品川ニ館ス。公親ヲ其館ニ到リ雅楽守ノ意ヲ宗教公ニ告ク。是ヲ以テ宗教公幕府ノ諸ノ奉仕ヲ止メ、致仕シ世子ヲ立テ其封ヲ禅ラント欲ス。然リ而シテ其留守居某幕府ニ上リ、雅楽守ニ謁シ、尚ホ詳ニ幕意ノ有ル所ヲ問フ。雅楽守曰ク、幕府宗教ニ致仕ヲ諭シタルコトナシト。留守居愕然トシテ退ク。因テ宗藩大ニ公ヲ疑フ。是レ雅楽守ノ公ニ語ル所ハ、幕命ニ出テタルニ非ラス。其一己ノ意ヲ以テシタレハナリ。且ツ公主膳君ヲ立ント欲シ、亦タ宗教公ノ意ト相反シ、遂ニ公ヲシテ私意ヲ挾ミ廃立ヲ計ル者ト為ス。公百方陳弁スルモ宗藩ノ疑ヲ解ク能ハス。蓋シ初メ宗藩ノ士自ラ為ニスル者有テ、窃ニ雅楽守ニ説キ、而シテ雅楽守ヲシテ公ニ語リ、公ヲシテ宗教公ニ告ケシメタル者歟。公人ノ売ル所トナルヲ知ラサルナリ。其主膳君ハ右平太公ノ兄シテ長ヲ立ルハ事ノ順ナリ。是レ公ノ意ニシテ豈ニ主膳君ニ偏倚スル所有ンヤ。公ノ心事此ノ如シ。而シテ一大冤ヲ蒙ルニ至ル。公其禍ノ遂ニ祖先ヨリ受ル所ノ者ニ及ハンコトヲ恐レ自ラ決スル所アリ。然カラサレハ其諫早石見タラサルヲ知ランヤ。公ノ卒スルニ及テ其責ヲ以テ独リ公ニ帰セシムル。誣ルノ甚シキ者ト謂ツ可シト古老ノ言信ヲ取ルニ足ル。当時ノ勢ヲ察スルニ其必ス然ラン。公ノ方正凡ソ事ノ重キ者ヲ為スハ必ス神明ニ誓フ。其誠彼ノ如ニシテ、豈ニ私ヲ計リ宗藩ノ廃立ニ関スル者有ンヤ。而シテ冤枉解ケスシテ而シテ逝ク。公ノ事哀ム可シ。然トモ世子英明能ク公ノ志ヲ継キ一藩ノ基礎毫モ其旧ヲ改メス。公モ亦タ以テ瞑ス可シ。（蓮池藩日誌）

直恒死去の因はさまざまに説があり、定めがたいのが実情であろう。しかし、いずれにしても藩のことを思って行動したことに誰も異論はあるまい。無私の人であったと思う。

ちなみに蓮池藩の歴代藩主が特に嬉野・塩田にこだわった理由をあかしておきたい。

蓮池藩はその成立の事情から蓮池よりはるかに離れた嬉野・塩田・若木などに領土を持っていて、行政上は多少の不便はあった筈である。しかし、初代直澄は塩田に別邸を設け、又、その娘は神社を寄進するなどこの地に対する思い入れは深かった。直澄にいたっては、藩の役所を塩田にともくろみ、本藩に咎められるほどであった。このような執心のありどころは個人的感情に属することでもあり、何故という理由を示すのは難しい。

しかし、どの藩主も船で蓮池を出て、塩田にあがり、嬉野温泉におもむくことは多かったとみられる。次は病弱であった五代直興《おき》の例である。直興は享保十五年（一七三〇）に生れ寛延二年（一七四九）十九歳で藩主になり宝暦六年（一七五六）二十六歳で死去している。死因は水腫《すいしゅ》という病気であったという。この病は辞書によると「からだの組織の間や、空所に水分やリンパ液がたまる状態」と説明されているが、素人にはよく分らない。

その直興は死去の三年ほど前に嬉野に湯治に来ている。原文で紹介する。
これによると蓮池から船で塩田に着いている。

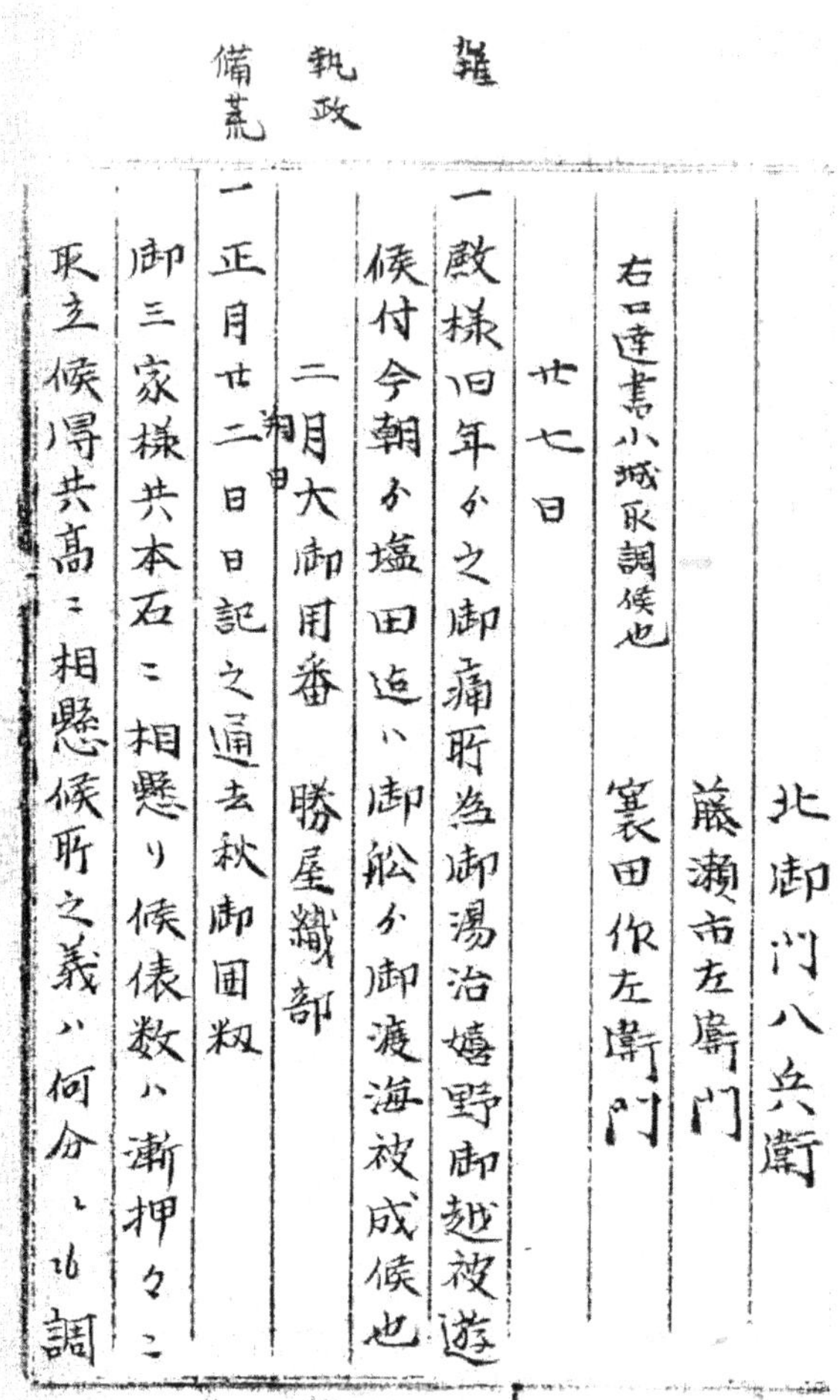

北御門八兵衛
藤瀬市左衛門
裏田作左衛門
右口達書小城取調候也

廿七日
一 殿様旧年から之御痛所為御湯治嬉野御越被遊
候付今朝から塩田迄ハ御船から御渡海被成候也

二月大 朔日 御用番 勝屋織部

一 正月廿二日日記之通去秋御囲籾
御三家様共本石ニ相懸り候俵数ハ漸押々ニ
取立候得共高ニ相懸候所之義ハ何分ともも調

雑
執政
備荒

次は、湯治《トウジ》を経て蓮池に帰る記述である。

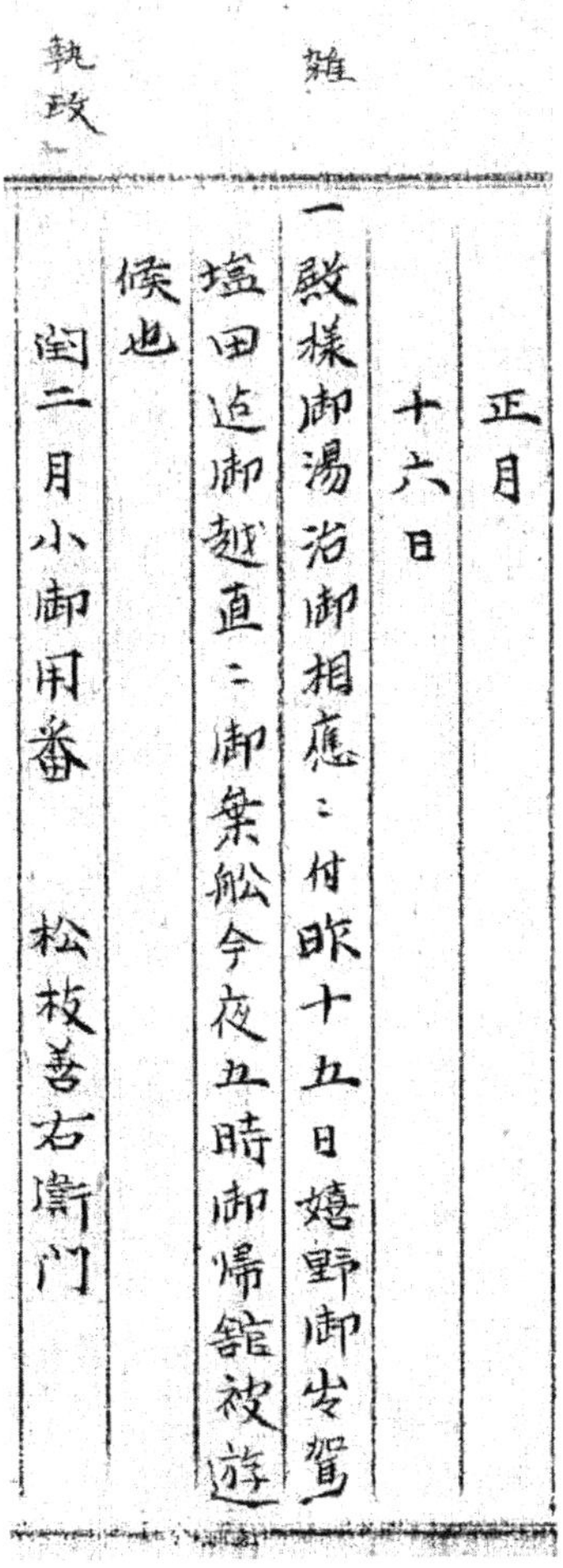
雑
執政
正月
十六日
一殿様御湯治御相應ニ付昨十五日嬉野御発駕
塩田迄御越直ニ御乗船今夜五時御帰館被遊
候也
閏二月小御用番　松枝善右衛門

以上は蓮池藩の編集である「蓮池藩五代藩主直興《おき》より直寛《ひろ》・直温《はる》・直與《とも》・直紀《ただ》までの各藩主の代ごとに請役所日記を編集したもの」という長い標題の史料から抜すいした。

八代藩主鍋島直與《なおとも》（非公式ではあったが、幕府の寺社奉行に名前がとりざたされた男）

次は、八代藩主鍋島直與について述べたい。この人は幕末に近い寛政十年（一七九八）に生れている。本藩、支藩を通じて唯一人、幕府の寺社奉行にという、打診があったとされる人物である。ただ、公式のものではなかった。いずれにしても、本藩は反対し、この要職につくことはなかった。「晩年、帰田の詩」を残しているが、その中には、この時の不本意な心境が述べられているような気がする。私がそう受けとるのであり、彼が直截に己れの不満を現わしているわけではない。お断りしておく。本藩八代治茂の四男に生れ、八歳になると神代《くましろ》家に養子に入り、十八歳で蓮池七代直温《なおはる》の継子となる。

彼の父、八代本藩主治茂は英明な人物で時の肥後藩主で、藩政改幕に手腕を発揮した銀台公（熊本八代藩主・細川重賢）に家臣を教育してもらい、佐賀藩の改革の力を発揮したことで知られる。この時代の改革が後の十代藩主直正の幕末の偉業につながっていくのである。つまり直與にはこの実父の秀れた才質が受け継がれていたように思える。たとえ非公式といえども幕府の寺社奉行にという声があがるのは並ではない。

寺社奉行は将軍直属であり、勘定奉行等が老中を介在して将軍に結びついていた形とは異なり、その重要性が窺えるのである。

ともあれ蓮池八代藩主に就任し諱《いみな》を直與とする。同時に封内に布告し、同じ諱を排斥《せき》する。同時に佐賀の白山八幡に詣《もうで》る。次いで高伝寺に。高伝寺は鍋島の菩提寺であるが、白山八幡は龍造寺ゆかりの寺である。ここに詣でたということは、前の為政者と現在の権力者がうまくいっている証拠のように思える。恐らく、当時の慣習であったろうから。

直與は就任早々藩の参勤の費用が不足するのを知る。当時借金のない藩は、おそらくなかったであろう。直與はやむを得ず本藩に借金を申し入れる。本藩から五百両が贈られる。この「贈られる」と表現にこだわると、これは借金でなく本藩が公の首途《かどで》を祝って贈ったのではないかという嬉しい推理が働いてくる。そうであれば粋《いき》なはからいである。借金が続く。文化十四年（一八一七）勅使饗応の命を受けるが、その資金がない。止むなく本藩に相談すると本藩は大坂で三千両を調達してくれる。さきほどの参勤費用の件といい、この件といい本藩の処遇は実に懇切である。

証拠・証言は残されていないが、やはり八代藩主治茂の四男であることが、本藩の心ある措置に影を落としているような気がする。ちなみにこの親子の生涯をみると、

治茂（寛保二年（一七四二）生、明和七年（一七七〇）藩主、文化元年（一八〇四）死去）

直與（寛政十年（一七九八）生、文化二年（一八〇五）藩主、元治元年（一八六四）死去）

右のとおりで、直與が藩主就任の時は、治茂はもう影響力を発揮できない状態であったことが知られる。

文政元年（一八一八）には、鹿島藩七代藩主直彝《のり》が病のため参勤を何回も延期するがなかなか本復しない。これでは困るので、本藩から養子をと考えるが、なお、しばらく容子をみようということで時を移した。しかし、「いつまでも放置するわけにもいかないだろう」という結論はあるのだが、思

案をめぐらすのは養子とすれば幼少であっても幕府は奉務を課すであろう。そうなると財政逼迫《ひっぱく》している鹿島藩としては困窮の一途をたどるであろうし、本藩も援助する力がない。

しかし、本藩は八代治茂の方針で財政再建七ヶ年計画が、寛政元年（一七八九）に終わり、一息ついている状態ではあったが、さればといって支藩を援助するほど力がついたわけではなかったと思われる。

そこで、鹿島は蓮池の直與の意見を聞く。

直與は小城藩九代藩主直堯《なおたか》と連署して本藩に次のような意見を出す。（なお本文には小城藩主の氏名はないが、年代からみて直堯と推量される）

その前に蓮池藩自体が、やはり財政の行きづまりから七代直温《なおはる》の時「上支配願」を出しているので、その事情を拙著「幕末への序章」から引用する。

蓮池藩の上支配願い　寛政八年（一七九六）

十月三日（請役所懲悪の部）

甲斐守（七代直温《なおはる》・蓮池）殿勝手向累年差し支えられ……とはじまるこの項は深刻である。ついで公儀の勤め、家来の扶助など財政破綻で対応できなくなったので上御支配に仰せつけられたい。つまり藩の独自の行財政権を返上するというのである。やや、趣は異なるが地方公共団体が財政再建団体に指定されることとみてよいのではないか。家老、勝屋伝四郎、松枝善右衛門からこの願いが出される。本藩としては幕府の勤役そのほか臨時の物入りが大きく、大借銀になったことは認めながらも、公儀の勤めもできないほど行きづまり、類例のないこと（上支配）を再三にわたって願っている。伝四郎・善右衛門は当役勝手方を勤めているので当然であろうが、他の家老もかねての取り計らい不行き届きである。

無調法きわまる。ということで、伝四郎・善右衛門は逼塞、他の家老四人は御呵の処分を受ける。

つまり、こういう申出自体無調法きわまるとして叱責され家老が罰せられる事態を招いている。本藩としては支藩のこういう願を許すわけにはいかず厳しく出たものと思われる。さて、そういう前例があるので、蓮池は小城と組んだと思われる。

本藩は次のように考えている。

「鹿島は丹波守（治茂子息）が病で、そのうえ財政逼迫しているが、本藩でも財政援助はできない状態です。合併の先例として「酒井雅楽守の末家酒井左京亮は継嗣なく、内分支藩であったので、本家と合併した。この実例もあるので、幕府に合併を願えば必ず聞き入りてくれるであろう。」

さて、本藩は以上のように合併を前提としながらも、小城と蓮池にその意見を聞いている。この二藩は連署して次のような意見を本藩主に述べる。

「鹿島の合併を考えておられること承りました。しかし、小城・蓮池・鹿島の三家は、特別な事情があって、慶長年間、幕府に参勤させたのを嚆矢《こうし》とする。そしてすでに二百年に及ぶ。今鹿島財政困迫のうえ嗣子なきため、これを除くは、大変遺憾とするところである」と反対の意思を明確にしている。なお、幕府に人質を出し、参勤の形の最初は、小城の初代藩主元茂からともいわれている。以下、拙著「小城藩」から引用する。

次は元茂がまだ三平といわれた時分の話であり、未だ小城藩主になる前の話である。

将軍お目見えにいたるまでには、本多正信との次のようなやりとりがある。まずは勝茂が「関ヶ原の折は西軍に加担したが、本領安堵していただきありがたく存じている。又高房の無調法についても何の咎もなく、それに比べて、それがしの方は何の奉公もせず、せめて妻子を江戸に住まわせ無二の信を尽したい。」正信は「関ヶ原の件はもっともな仰せだが上様はこだわっておられない。妻子の件は時分をみて考えたい。」勝茂の「それでは三平を呼び、上様《(秀忠)》にお目にかけたい」というと、「それはよろしい。」というやりとりがあった。このいきさつをみると三平の上府はどうやら証人(人質)としての出発といえた。

つまり、佐賀の内分支藩は参勤交代のはじまりに価するできごとがあったことをひそかに誇りに思っていたのかも知れない。今もし鹿島を除くと幕府は必ずその分を我等両家(小城・蓮池)に命じるに違いない。そうなると我等は困窮するは必然である。

以上のように考え、鹿島の合併には反対する。

それでは当の鹿島藩はどう考えているのか。当主丹波守直彜《なおのり》は本藩八代治茂の子息で享和元年（一八〇一）鹿島六代の和泉守直宜《なおよし》の養子になっている。病弱で三十四歳で死去している（文政九年・一八二八）。嗣がいなかったことが問題の発端であったが、結論をいうと本藩九代斉直の子息直永《なおなが》を文政二年（一八一九）養子にしている。鹿島八代藩主である。

さて、先を急ぎすぎたが、鹿島の当主丹波守直彜《なおのり》は次のように述べている。

「幕府より勅使饗応を命ぜられれば、貧困鹿島の財政では応じきれず、されば鹿島は本家と合併すべしとの意見そのほか言われているが」として真情を吐露する「其意ヲ拝シ驚愕《がくただ》ナラス…」と、とてもじゃないがそんな考えはないと強く意思を示している。そして鹿島藩の出発が国家永続のため日峰（直茂）、泰盛（勝茂）お二人の特別の意思で鹿島藩の始祖和泉守忠義を二代将軍秀忠に勤仕させ、二万石での参勤もつとめてきた、二百年来の家格です。」として合併停止するよう依願する。

ここに至り、直與《とも》は、次のような意見を本藩に対し述べる。立派な論旨である。

「鹿島の合併は、父がその停止の意思を公にしていたと聞いている。私も同感である。鹿島が財政難で公務遂行が困難であり、本藩も又援助できない。のみならず丹波守に嗣子なきをもって合併すべしというが。そもそも丹波守は八代藩主治茂の子息ではないか。であれば家名断絶は祖先に不孝であるはもとより、鹿島譜代の藩主に対しても面目を失う。

従ってもし丹波守父子が心服せず譜代の藩士が憤懣するときは異変を生じ、本藩の失点となり、天下に面目を失うことになる」これらの意見を受け入れ、本藩も合併のことを撤回した。

思えば、寛政八年（一七九六）蓮池七代直温《なおはる》が、財政破綻を理由に、藩の行財政権を返上すると申し入れ、叱責を受けたことを思うと、随分と立場は異なるといえども、そのありようの変化は注目に価する。

文政三年（一八二〇）、大坂の餝屋《かざりや》次郎兵衛が来る。多年金を借りる関係にあるので勝手方が手厚くもてなしている。大名も借金をすると町人の機嫌をとるようになる例である。

同じく経済面の記述が続く。翌文政四年（一八二一）同じく大坂の鴻池伊助に調達を命じて扶持米を給与する。米の現金化である。

文政五年（一八二二）には、松平守殿守が嬉野を通った時、嬉野茶を贈っている。松平氏は多分長崎への用務であったろうと推定されるが、それにしても嬉野茶が贈答品となっていたのは、その歴史のために喜ばしい。この年、直與は病で参勤延期を申し出るが、本藩はしきりに参勤するよう促している。

文政十年（一八二七）直與は再婚を勧《すす》める話が浮上する。そのことは本藩の意向でもあった。しかし直與は断る。理由は「嗣子幼くかつ一子であるので仰せのとおりであるが、少しばかりの思慮を要することである。ここ数年結婚してきたが、不幸に終っている。これは考えなくてはならない。又種々の用度を要し、例を尽くすも困難である。本意ではない。が、ご意向には副い難い。」確かに文政四年（一八二一）に婚姻した正室の日野大納言の娘が文政五年（一八二二）二十一歳で死去している。続いて文政八年（一八二五）に婚姻した二条前左大臣の娘が今回死去しているので、未だ心の整理がつかぬ心境だったかも知れない。直與の真面目な性格がみえるような話である。

自分の再婚にも経費の面で消極的であった人だけに次の達しはうなずける。

「酒食ノ合同ハ検討ヲナシ、冠婚葬祭の宿習ヲ除キ質素ノ風ニキセンスベシ」この中で特に宿習ヲ除キというくだりは注目される。つまり長年の習慣といって妥協しないようにという厳しい一言である。

同じ頃本藩も節倹ヲ旨《むね》とする布告をしているが、蓮池も次のように布達している。「衣服ノ制度ニハ先年宗藩ヨリ布告アリ…自ラ華美ニ移リ然ル可カラス。猶注意ヲ加エ怠ルべカラズ。且ツ家屋工事等ノ如キモ其分限ヲ超エヲ造営ヲナスナカレ」さきの鹿島藩が財政に行きづまったことが、やはり大きな影響を与えているようにみえる。

とあれ米中心の経済の江戸期にあっては、各藩ともその経済の根幹は米中心であり、経済基盤としては脆弱《ぜいじゃく》であったことは否めない現実であった。いうまでもなく、稲作はその年の天候に大きく左右されるので、悪い言い方をすれば「天候次第」といっても過言ではなかった筈である。そこに町人勢力が伸びてくる下地もあった。町人に借金するのは各藩共通の事象であったことが知られている。

四月八日直與は嬉野から塩田の別領に入るが、そこに本藩主斉直から「そなたにはかりたいことがあるのですぐ帰城するように」という命令がきていた。

斉直の相談とは、自分の引退について意見を聞きたいというものであった。こういう相談は難しいもので、たとえ内心やめたほうがと思っていても直截には言えないのが人情であろう。そこで直與は文書にして提出する。当然と思えるが、その文書は見当らない。しかし、斉直が引退にふみきったところをみると、引退をそれとなくすすめたのかも知れない。幕府は斉直の致仕を許可し、世子斉正（直正）の襲封《しゅうふう》と長崎警備の継続を命じる。

ここであるいは斉正の致仕は重大な影響を与えたと思われるフェートン号事件の概要を記しておく。

フェートン号事件

フェートン号事件　一八〇八年（文化五）八月一五日のイギリス軍艦の長崎侵入事件。この日、英艦フェートン号はオランダ国旗を掲げて長崎に入港したので、恒例により旗合わせをすべく、船に近づいたオランダ商館員二人が、武装した英国兵に拉致《らち》された。商館員と同行した検使や通詞《つうじ》（通訳）が奉行所に報告し、大騒ぎになった。当時、ヨーロッパではナポレオン戦争の結果、オランダ本国はフランスに占領されていた。英軍艦が長崎にきたのも、敵対関係にあるオランダ商船をだ捕するためだった。オランダ船の停泊していないことを確かめた英艦は、人質のオランダ人釈放を条件に食料と水を要求した。長崎奉行は英艦を撃退しようとしたが、同年の警備当番の佐賀藩の兵はわずか一五〇人で、砲も一一門だけ。だから、四八門の砲を装備し、三五〇人の乗組員を擁する英軍艦の跳梁《ちょうりょう》を拱手傍観《こうしゅぼうかん》せざるをえなかった。食料と水を補給して、一七日朝、フェートン号は長崎港外に去ったが、長崎奉行松平康英《やすひで》は責任を痛感して切腹した。幕府は同年一一月一〇日、佐賀藩の警備怠慢を責め、九代藩主鍋島斉直《なりなお》に一〇〇日間の逼塞《ひっそく》（謹慎）を命じた。これに伴い、佐賀藩内では領民一般に歌舞、音曲、月代《さかやき》を剃《そ》ることが禁じられ、商人には酒売り、職人には唐碓《からうす》、油搾《あぶらしぼり》、綿打《わたうち》、鍛冶《かじ》、桶《おけ》作りなどの営業が禁止され、社寺の祭礼、法会《ほうえ》をはじめ講や市の開催も停止された。

なお斉直の人物像は次のとおりである。

鍋島斉直《なべしまなりなお》

一七八〇・九・二三～一八三九・一・二八（安永九～天保一〇）。九代佐賀藩主。八代藩主鍋島治《はる》茂《しげ》の長男。一七九五年（寛政七）従四位下左衛門佐に叙せられ、一八〇五年（文化二）襲封《しゅうほう》し肥前守に任じられた。幼名祥太郎、中ごろ直懿《なおたか》、隠居後の号は桂翁《けいおう》。優雅な生活を好み、側妾も多く、儀式典礼や格式の固持のために出費を惜しまなかった。それにフェートン号事件後、長崎砲台を増築し、備砲数を一〇倍以上に増やしたこともあって、一八〇九年から五年間、人員整理や役所の統廃合を実施したが藩の借銀は増えるばかりであった。一八一八年（文政元）の藩の借銀借入高は総収入正銀の三八パーセント、支払高総支出正銀の六四パーセント余りに達した。そのため同年、支藩の鹿島藩を廃藩にしようと企てたり、腹心の年寄役有田権之丞《ありたごんのじょう》が、ひそかに熊本藩と協議し、長崎警固役を熊本

鍋島斉直肖像

藩に譲ることを画策した。

文政六年（一八二三）になると十月に塩田で萩野流、円極流の大砲を使った演習が行われている。幕末の騒乱にはまだ時間があるが、長崎警備を受け持っている藩としては常に万一に備えた訓練が必要であった。

長崎警備といえば、この年、本藩は長崎港に於る藩領間（島と島）の連携を指示している。「長崎港において外国船と認められることがあっても、直ちにこれを撃沈してはならない。上司の判断を得るように。ただ万一の場合を考え、「先方より乱暴に及ぶときは指揮を待たずに撃沈してよい。」と戦というものが臨機であることを示している。そのほか船実験（改め）は旧例により伊王島沖の島で行うこと。若し賊ならば神の島より螺鐘をもって報じるように。

賊船が逃走する時には機に応じてこれを撃って逃がさぬように。これらの指導には、あるいは幕府の命令があったかも知れないが、当時長崎がわが国にとって世界に開いた唯一の窓口であったことを思うと、外国船への対応には細かな神経を使っているのが随所に窺われると同時に、警備を受け持つ藩の緊張がみえてくる。

文政九年（一八二六）七月直與夫人は産後の恢復悪く死去す。直與という人は表面から見える限り女房運の悪い人であったように思える。

天保六年（一八三五）五月十一日佐賀城が鯱《シャチ》の門を残して全焼する。火元は太鼓門側掛硯《かけすずり》局の楼上であるとされている。なお、佐賀城は慶長七年（一六〇二）に建築が開始され慶長十四年（一六〇九）天守閣が竣工している。

享保十一年（一七二六）にも全焼しているので今回は二度目の火災であった。明治七年（一八七四）には再建された城が佐賀の乱で焼失している。佐賀城にかかわる話をひとつ。

天保八年（一八三七）蓮池藩の鍋島勘解由《かげゆ》が自殺する。その原因は勘解由が本藩に行き、誤って馬上のまま鯱《シャチ》の門を通ったことである。以下そのいきさつを引用する。（蓮池藩日誌）

十六日親類鍋嶋勘解由自殺ス。是日先キ五月二十四日勘解由佐賀ニ到リ、誤テ馬上本城ノ鯱門ヲ通過シテ裏門会所口ニ出ツ。門衛之ヲ追跡ス。勘解由名ヲ諸石八左衛門ト偽リ脱シテ我カ聞番ニ到ル。而シテ其随従ノ家僕ハ裏門ニテ捕掌セラレ、審問ノ警固ニ要セラレ其評定所ニ引致ス。聞番栗山盤左衛門直ニ之ヲ執政ニ急報ス。因テ重職会議シテ実際ニ因テ鍋嶋勘解由誤テ馬上鯱門ヲ通過シタル事ヲ宗藩ニ報告シ、又タ勘解由モ其事ヲ宗藩請役所ニ通告シタリ。是レ事態ノ重キヲ以テ即チ公ニ報セサル可カラス。公之ヲ聞キ扈従ノ用人田中一左衛門ヲ急行下藩セシメ、公ノ賢慮ヲ執政ニ致サシム。其大意ニ曰ク、勘解由佐賀城内ノ挙動言語ヲ絶シ、我レ痛心ノ至ナリ。之レ先ツ我ニ於テ之ヲ裁断セサルヲ得ス。然ラサルトキハ我レ宗藩ニ対シ面目ヲ失フ。而已ナラス勘解由ノ身上モ宜シカラス。其評定所ニ出テサル前ニ於テ之ヲ断行ス可シ。若シ已ニ評定所ニ出テタルコト有ルモ我ニ於テ其罪ヲ断セサル可カラス。我レ旅中ヨリ命シタル意ヲ以テ宗藩ノ役局ニ懇談シ、一旦勘解由ノ放釈ヲ乞ヒ我カ裁断ヲ経テ更ニ評定所ニ出ス可シ。且ツ使者ヲ以テ勘解由ノ家系由緒書ヲ宗藩ニ送呈ス。可シ細縷ハ一左衛門ニ密命シタルヲ以テ、直接之ヲ了承ス可シ。重大ノ事我レ独断ニ任スルハ本意ニ非サルモ、今回ノ事片時ヲ後ルトキハ之ニ倍シ、失態ヲ生スルニ因テ、其意ヲ領シ遅滞セス。我命ヲ執行ス可シト。而シテ一左衛門下藩。直ニ宗藩年寄井内伝右衛門ニ到リ、其意ヲ陳スルト雖モ、宗藩ノ議必ス勘解由ヲ評定所ニ召喚糺弾シ以テ其罪ヲ断セントス。若シ出テサルトキハ官吏ヲ勘解由ノ家ニ就カシメ之ヲ訊問セントス。事益ス逼ル。因テ勘解由責ヲ引テ自殺シタリ。

それにしても鯱の門を下馬せず通過したのみで切腹に至る経緯は、当時の厳しい階級制を頭においても理解に苦しむ。この門は藩主が通るところで、下馬が掟《おきて》であったようだが、念のため「下馬」を広辞苑で確かめると、

「貴人の門前または貴人に会った時、または社寺の境内などで敬意を表して馬から下りること」とある。

やはり鯱の門は藩主の通る門であり厳しい規制があったものと思われる。

天保十年（一八三九）正月五日、唐津藩領の農民が租税に関する不服から広瀬山地内の山上で二千人が集り騒擾する。この報に接した蓮池では、武雄の本部《もとべ》村に兵を派遣し警固に当たらせる。本部村は蓮池領で佐賀藩に類が及ばぬようにとの措置であった。

さて、天保十三年（一八四二）直與の生涯にとって最大の出来事があった。「幕府の寺社奉行」就

任の話が持ちあがる。結論からいうと実現しなかったが、そのいきさつを本藩との関係でみることにする。原文で紹介し、あといささかのコメントをつける。

以下蓮池藩日誌による。

天保十三年壬寅、公四十五歳。執政鍋嶋左近・松枝善右衛門・石井玄蕃。

正月用番鍋嶋左近。二日諸賀式常例ノ如シ。五日公宗眼寺ニ廟参ス。十三日公世子ト共ニ佐賀城ニ行キ正ヲ賀ス。十六日宗藩年寄鍋嶋市佐・小山平五左衛門参殿ス。公書院ニ於テ之ニ面ス。幕府公ニ寺社奉行ヲ命セントス。宗藩之ヲ聞テ異議有テ公ニ告ル所有リ。翌二十一日宗藩ノ告ル所ノ事ヲ以テ、重職ヲシテ寄合席ニ於テ会議セシメ、家老勝屋伊織ヲシテ直チ兼程東上セシム。而シテ宗藩年寄小山平五左衛門復タ参殿シテ公ニ謁セント請フ。公微恙有リ。之ヲ許サス。二十九日幕府日田代官竹尾清左衛門赴任ス。人ヲ遣シ物ヲ贈テ之ヲ問フ。

二月用番鍋嶋左近。八日成章館釈菜ヲ行フ人ヲシテ代拝セシム。公宗藩年寄小山平五左衛門ヲ呼ヒ書院ニ於テ之ヲ見ル。是レ寺社奉行ノ事ニ関スルナリ。十三日鹿嶋安次郎公参勤東上ス。人ヲ境原ニ遣シテ之ヲ送ル。二十四日公疾有リ。参勤ノ延期ヲ幕府ニ請フ。勅使日野前大納言卿江府着輿ス。例ニ依テ之ニ接遇ス。

三月用番松枝善右衛門。四日宗藩年寄鍋嶋市佐参殿ス。公之ヲ見ル。是ノ日江府藩邸大目附鶴田忠兵衛兼程下藩ス。是レ寺社奉行ノ事ニ関スルナリ。六日公曽テ宗藩公ニ書ヲ呈ス。是ノ日宗藩公返書ヲ贈ル。寺社奉行ニ関シ宗藩ト頻々相贈答有リ。蓋シ公ノ寺社奉行ト為ルハ宗藩ニ於テ異議有リ。又タ公自ラ之ヲ希望シタル者ニ非ラス。因テ公考慮スル所有テ其間ニ処シタリト云フ。

この記録によると、本藩と一月から三月まで、さまざまなやりとりがあったが、まずは本藩が異議ありとして承認しない。しかし、困るのは、その理由が述べられていないからである。又本人も「自ら望んだことではない」とのみ残している。記録がないので、少し大胆に推量してみたい。

まず第一に多大な出費を伴うことである。寺社奉行に就任すると、江戸城ではなく、その執務はその藩の江戸屋敷でとり行なうことになる。ある大名はその就任にあたり、己れの藩邸を多額の費用をかけて修築したことが伝えられている。

又、当然ながら、スタッフも必要になるし、執務にかかわる物件費も要するので、その財政負担は想像以上であったと思われる。

又、支藩主が幕府の要職につくことで、藩としての従来の体制も改める必要も生れてくると思われる。

ほかにも何かと就任にともなう面倒なことがあったのかも知れない。寺社奉行は、他の、たとえば勘定奉行等と異なり将軍直属であり、中に老中の介在はないので、それだけ重い職務といえるが、このことについてはあとで詳述したい。

又本人も「自ら希望したことではない」と言っているが、これは一種の口惜しさの表現ともとれる。

何故なら希望しても簡単に着けるような地位ではなかったからである。

それでは、寺社奉行とはどういう位置づけであったのか徳川幕府事典（東京堂出版）から引用する。

寺社奉行

寺社奉行職の成立　江戸時代の、大名が務めた幕府の役職のひとつ。全国の神社・寺院の統制を中心に、寺社領の領民支配に関わり、連歌師・楽人・陰陽師・古筆見・碁将棋之者などの支配を担当した。また、徳川将軍家の霊廟や墓所の管理にも関係した。その設置は、慶長一七年（一六一二）、板倉勝重・金地院崇伝《こんちいんすうでん》が寺社の管理を命じられたことにはじまるが、崇伝などはこれ以前から寺社関係の支配に関与しており、属人的な権限が組織のなかで整備されて、職として成立したのが当時のことである。役職としての確立は、崇伝の死後から二年後の寛永一二年（一六三五）一一月、安藤右京進重長・堀市正利重・松平出雲守勝隆の任命を機とする。定員は四名余。また、万治元年（一六五八）、奏者番板倉重郷・井上正利が寺社奉行を兼ねて以来、寺社奉行職は奏者番の兼職となった。寺社奉行就任後も、奏者番に関する職務は基本的にこれを担当した。なお、寺社奉行は評定所の構成員も兼ねた。

執務形態　執務は、各奉行の江戸藩邸を一部改築のうえ利用しており、奉行共用の寺社奉行所が存在するわけではなかった。訴訟などの裁許にも藩邸が利用されている。執務は四名の寺社奉行が月ごとに担当を交代する月番制によった。執務補佐を目的に家中のうちから寺社役、取次、大検使、小検使、古筆などを任じた。勘定奉行・町奉行とは異なり、旗本の参加は評定所吟味物調役のみであり、事務組織は基本的に家中をもって構成された。一カ月に数度、奉行全員による「内寄合」が月番担当者の屋敷において実施され、訴訟などについて協議や申渡などを行った。

支配と記録　全国寺社の統治は、江戸に宗派毎に触頭を置き本末関係を通じて行った。必要に応じて大名など領主を介する伝達も実施した。また、江戸の寺社・門前町などの支配は、江戸の町を四つほどの筋に分け、それぞれを各寺社奉行が分担したが、江戸府内の寺社門前地に限り、延享二年以降江戸町奉行の管理下に所轄替となった。治安維持の観点から、町奉行による一元的な支配へ移行したものである。江戸支配に関する文書群は、「株筋の文書」と呼ばれ、寺社奉行の新旧交代時に、離職する奉行から新任の奉行へと引き継がれた。なお、月番に関わる執務文書は、月末になると次の月番担当者へと引き継がれた。元文五年一二月には、引き継ぎ文書の数量が増えたため、当面不用のものを寄り分け、その分を年番預りとしている。両文書の概略は「従事抄書」（『大岡越前守忠相日記』下巻収録）によって確認される。

江戸時代中頃に、寺社奉行の記録管理は次第に整備されるが、共用の寺社奉行所を欠いたため、奉行個々が独自に情報を収集することが不可欠であった。寺社奉行松平右京亮輝和の手による「祠部職掌雑纂」千巻（寛政八年完成）、寺社奉行間部下総守詮勝輩下の寺社役による「祠曹雑識」、布施弥平治編『百箇條調書』全十三巻（新生社、一九六六～一九六七年刊）も、そうした取り組みによるものである。

なお今回の寺社奉行就任に関することは、公式なものではなく、老中堀田備前守、真田信濃《しなの》守のごく内々の打診であったと伝えられている。それがあらぬか五月に東上した直與はこの両人の邸に趣いている。

文久三年（一八六三）、直與は眼を病み、筑前須恵の眼科医を呼び治療しているが、翌元治元年（一八六四）にも本藩の医者水町昌庵を呼んでいる。同時に八月になると言舌が乱れ時々胸隔を圧《この》を感じたとあるが、恐らく胸を圧迫されるような状態と推測される。本藩の西岡医師も診察している。以下詳しい病状が伝えられているが、元治元年（一八六四）十一月九日ついに死去した。宗眼寺に葬る。六十七歳、天賜院殿雲庵淙澍と称することになる。

彼の生涯については「蓮池藩日誌」から引用する。

公明哲齢十有九歳ニシテ藩位ニ即ク。時ニ寛政・享和財政困難ノ弊ヲ受ケ、藩治ノ弛緩ヲ歎シ、慨然自ヲ奮ヒ痛ク抑損シ意ヲ理射上ニ注キ、数年ナラスシテ財務其緒ニ就キ、文政十年ニ至リ藩士給禄ノ部割ヲ減シ、諸礼式等ノ事享和以前ニ復スルヲ得タリ。而シテ其官吏ヲ督励シ文武ヲ勤奨スル。信賞必罰至ラサル無ク、藩風大ニ変ス。公常ニ文事有ル者ハ必ス武備有リト謂フ。古語ヲ誦シ藩士ヲ諭誡鼓舞シ、文武ノ士其用ニ堪ユル者済々トシテ輩出スルニ至ル。公位ニ在ル三十一年ニシテ致仕ス。而シテ優遊以テ老ヲ送ラント欲シ、其東館ノ近傍数町ノ地ヲトシ遊園トナシ、号シテ天賜園ト称ス。而シテ六十四景ノ勝有リ。皆自ヲ之ニ詩ヲ繫ル。其三十一ハ東館内ニ在リ。

資　料

其一のみ解説を付し、其二以降は原文のみ記載します。ご了承下さい。

資料一　雲《うん》菴《なん》道《だう》人《じん》帰《き》田《でんの》詩《し》碑《ひ》

荷外散人註釈

雲菴道人は。自跋の所謂。旧蓮池藩主第八代。鍋島直与公の別号なり。又鷲翁及天賜老人等の別号もありたり。

其官銜治績等は。蓮池伝記に詳述しあれば。就て参着せらるべし。

是の詩碑は。自跋の所謂。もと東館の天賜園内にありしを。廃藩の後。之を蓮池公園に移し。後また。現在の頌徳園に移して。広く江湖の博雅に観し。以て道人の学徳が。若何に深造なりし乎を窺はしむと云ふ」

其一

君《くん》子《しの》行《こう》蔵《ざう》道《みち》自《おのづから》存《そんす》。見《みて》幾《きを》何《なんぞ》待《またん》大《たい》夫《ふの》膰《はん》。

一《いっ》朝《ちやう》驟《しう》雨《う》龍《れう》還《かえり》壑《たにに》。萬《ばん》里《り》晴《せい》霄《せう》鶴《つる》脱《だつす》樊《はんを》。

深《ふかく》荷《になふ》天《てん》恩《おんの》憐《あはれむを》老《らう》憊《はいを》。敢《あえて》誇《ほこらんや》隠《ゐん》処《じょ》応《おう》星《せいの》尊《そんを》。

従《より》今《いま》嘯《せう》咏《えい》優《ゆう》遊《ゆう》外《のほか》。易《えき》象《しやう》詩《し》情《じやう》好《よし》細《こまかに》論《ろんせん》。

㈠利発な人の出処進退には。一挙一動も自ら道理に叶つて居るから。少も病しい事はないわい㈡然るに。其出処進退を為すについて。時運の泰否を先見して。其躬を進退するのが。先以て先決問題だ。其泰否の前兆即ち幾を見る事が。六ケしくて。中々凡眼の人では。判るものでない。が俺は。前兆がちやんと判つて居るのだ。それで必しも。大夫膰[1]の贈否。如何を見るまでもなく。我身の退休すべきは。即今が好い機会であるわい㈢あゝ時なる哉。時なる哉。今俺が官職を抛て。田園に勇退する心持と。振舞とを。物に譬へて形容すれば。丁度飛龍が。是まで雲雨を捲き起して。天地に上下活躍しつつ居たのが。一朝俄に大雨が降つたから。此を機会に。故の洞窟に還つて。一先づ骨休みするやうなものだ㈣又永らく。籠中に飼はれてゐた鶴が。今や自由の身となつて。籠から脱け出し。晴れ〳〵たる萬里の大空を。自由自在に飛び度るのは。何ともいへぬ。大愉快を感するやうなものだわい㈤それは。兎も角も。此老憊の身を。可愛がり劬[2]つて戴いた。天恩の有難さは。一生忘れる事は。決してあるまいと思つて居るのだ、㈥又俺は。菲[3]徳の者なれば、今回退隠しても。昔の賢人や君子達が。退身するのと。違ふから。敢えて天文の徳星を感動さする身分でないから。別段他に誇り観す名聞もありません。㈦されば今から。ふつつり欲事を去つて。風にうそぶき。月に吟みて。ゆつくりと。遊びくらす外には。㈧仔細に。易象を観察し。詩情を吟味して。天地自然の。うつりかはりゆく有様を。鑑みやうと思つて居るのだ。

㊟
① 膰（ひもろぎ）古代神祭のとき清浄の地を選んで周囲に常盤木を植えて神屋としたもの
② 劬（つかれる）疲れると同義
③ 菲（ひ）才能や徳がとぼしいこと

其二

甕《おう》牖《いう》蓬《ほう》門《もん》五《ご》畝《ほの》宮《きう》。新《あらたに》修《しうす》深《しん》竹《ちく》乱《らん》松《しよう》中《のうち》。
地《ちは》環《めぐらす》一《いつ》帯《たい》蓴《じゆん》鱸《ろの》水《みづ》。楼《ろうは》対《たいす》千《せん》疇《ちう》秔《かう》稲《たうの》風《かぜ》。
動《どう》息《そく》有《あり》規《のり》晨《あしたは》導《みちびき》気《きを》。栄《えい》枯《こは》如《ごとし》夢《ゆめの》夜《よる》観《くわんす》空《くうを》。
閑《かん》来《らい》日《じつ》月《げつ》縦《しよう》悠《ゆう》久《ひさし》。消《しよう》遣《けん》自《みづから》資《たすく》詩《し》酒《しゆの》豊《ゆたかなるを》。

其三

心《こころ》遠《とほく》地《ち》偏《へんにして》神《しん》不《ず》労《らうせ》。幽《ゆう》斎《さい》闌《らん》夜《や》続《つぐ》燈《とう》膏《ごうを》。
能《よく》堪《たへて》老《らう》眼《がんに》臨《のぞむ》王《わう》楷《かいに》。且《かつ》学《まなんで》愁《しう》人《じんを》読《よむ》楚《そ》騒《そうを》。
書《しよ》窓《そう》烟《えん》月《げつ》婆《ば》娑《さとして》転《てんじ》。漁《ぎよ》檻《かん》風《ふう》潮《ちやう》蕭《しやう》颯《さつとして》高《たかし》。
壁《へき》上《じやうの》瑤《えう》琴《きん》挂《かけて》不《ず》掃《はらは》。知《ち》音《いん》杳《えう》渺《べう》幾《いく》時《ときか》遭《あはん》。

其四

草《そう》木《もく》霜《しも》遅《おそくして》弄《ろうす》レ晩《ばん》－晴《せいを》。
風《ふう》紅《こう》露《ろ》碧《へき》不《ず》レ勝《たえ》レ清《せいに》。
検《けんし》レ暦《れきを》帯《おびて》レ瓢《ひょうを》収《おさめ》レ薬《やく》－子《しを》。
按《あんし》レ詩《しを》挿《さして》レ簡《かんを》註《ちうす》レ花《くわ》－名《めいを》。
陶《たう》籬《り》暴《にはかに》富《とむ》金《きん》千《せん》朶《だ》。
邵《せう》圃《ほ》老《おいて》貧《まづし》瓜《うり》一《いつ》棚《ほう》。
静《せい》裏《りの》年《ねん》光《くわう》多《おほし》レ楽《らく》－事《じ》。
奚《なんぞ》徒《いたづらに》鼓《こして》レ缶《ふを》慰《なぐさまん》レ餘《よ》－生《せいを》。

其五

経《けい》営《えい》自《みつから》足《たれり》一《いち》園《えんの》幽《ゆう》。
何《なんぞ》心《かならずしも》名《めい》山《ざん》著《つけて》レ脚《あしを》遊《あそばん》。
雲《うん》棧《さん》自《おのつから》非《あらず》二凡《ぼん》世《せ》界《かいに》一。
烟《えん》波《ば》元《もと》比《ひす》二小《しやう》瀛《えい》洲《しうに》一。
鷗《おう》眠《みん》鷺《ろ》懶《らん》寛《くわん》閑《かんの》境《きやう》。
蔆《れう》脆《ぜい》藕《ぐう》香《かう》清《せい》澹《たの》秋《あき》。
客《きやく》到《いたりて》欲《ほつせば》レ知《しらんと》二行《こう》楽《らくの》処《ところえず》一。
不《して》レ乗《じやうぜち》レ釣《よう》－艇《ていに》即《すなはち》登《のぼれ》レ楼《ろうに》。

其六

人《にん》間《げん》百《ひやく》歳《さい》幾《いく》歓《くわん》哀《あい》。雪《せつ》頂《てう》霜《さう》髯《ぜん》駒《く》景《えい》催《うながす》。
已《すでに》識《しる》高《かう》明《めいは》遭《あふ》レ鬼《き》-瞰《かんに》。好《よし》将《もつて》レ疏《そ》-散《さんを》保《たもたん》レ樗《ちよ》-材《ざいを》。
蕉《しやう》窓《さう》雨《あめ》静《しづかにして》心《しん》頭《とうに》滴《したたり》。蘭《らん》砌《せい》風《かぜ》香《かうばしうして》懐《くわ》裏《いりに》来《きたる》。
前《せん》哲《てつ》縦《たとひ》能《よく》兼《かねるも》レ仕《し》-隠《ゐんを》。不《ず》レ如《しか》陳《ちん》老《らうの》鼾《いびき》成《なすに》レ雷《らいを》。

其七

満《まん》庭《ていの》風《ふう》露《ろ》咽《むせび》レ沙《さ》-蛩《きやう》。更《さらに》覚《おぼふ》夜《や》窓《さう》涼《れう》気《きのこまやか》濃《なるを》。
感《かんずる》レ旧《きうを》秋《しう》思《し》雖《いえども》レ跌《てつ》-宕《たうなりと》。経《ふる》レ痾《やまひを》老《らう》骨《こつ》未《いまだ》レ龍《れう》-鍾《しやうなら》。
佗《た》年《ねん》馬《ば》上《じやう》崢《さう》嶸《かうの》胆《たん》。今《こん》日《にち》樽《そん》前《ぜん》洒《しや》落《らくの》胸《きやう》。
形《けい》跡《せき》百《ひやく》遷《せん》心《こころ》不《ず》レ転《てんぜ》。階《かい》頭《とう》欝《うつ》欝《うつ》歳《さい》寒《かんの》松《まつ》。

其八

雖《いえども》二投《とうして》レ簪《しん》紱《ふつを》愜《かなうと》一レ幽《ゆう》衷《ちうに》。畎《けん》畝《ぼ》何《なんぞ》忘《わすれんや》結《けつ》草《さうの》忠《ちう》。
蕙《けい》帳《てう》時《ときに》驚《おどろく》魏《ぎ》闕《けつの》夢《ゆめ》。錦《きん》囊《のう》未《いまだ》レ去《さらず》呉《ご》鉤《こうの》雄《ゆう》。
近《ちかごろ》聞《きく》獮《けん》狁《いんのつ》窺《かがうと》レ周《しう》服《ふくを》。誰《たれか》比《ひす》嫖《へう》姚《ようの》総《すぶる》レ漢《かん》戎《じうを》。
老《らう》驥《き》櫪《れき》間《かん》似《にたり》レ知《しるに》レ我《われを》。一《いつ》声《せい》嘶《いななきて》レ月《つきに》徹《てつす》レ秋《しう》穹《きうに》。

其九

上《じやう》国《こくの》豪《ごう》遊《ゆう》夢《ゆめ》一《いち》場《ぢやう》。同《どう》罇《そんの》英《えい》彦《げん》尽《ことごとく》龍《りやう》驤《じやう》。
宦《くわん》情《じよう》独《ひとり》愧《はづ》渾《すべて》如《ごとし》レ水《みづの》。烟《えん》癖《べき》無《なしいかん》レ那《ともする》終《ついに》入《いる》レ肓《こうに》。
厳《げん》瀬《らい》釣《つりする》辺《ほとり》秋《あき》浩《こう》蕩《とう》。蘇《そ》門《もん》嘯《うそぶく》処《ところ》月《つき》蒼《そう》茫《ばう》。
非《あらざれど》二疏《うとんじ》レ顕《げん》達《たつを》親《したしむに》一レ樵《せう》牧《ぼくを》。骨《こつ》相《さう》元《もと》宜《よろしく》レ老《おふ》レ僻《へき》郷《きやうに》。

其十

衢《ぐ》路《ろ》冥《めい》濛《もう》満《まん》目《もくの》塵《ちり》。名《めい》湯《とう》利《り》躔《てん》競《きそう》レ昏《こん》晨《しんを》。
古《こ》今《こん》永《ながく》結《むすぶ》幽《ゆう》愁《しうの》獄《ごく》。天《てん》地《ち》誰《たれか》存《そんす》快《くわい》活《くわつの》人《ひと》。
萬《まん》巻《ぐわん》使《して》《しむ》二レ居《きよを》為《なら》一レ楽《らく》ー土《どと》。一《いつ》樽《そん》無《なし》二日《ひとして》不《ざる》一レ陽《やうしゆん》ー春《なら》。
悠《ゆう》悠《ゆうたる》世《せい》議《ぎ》蓋《おほて》レ棺《くわんを》後《のち》。得《とく》失《しつ》何《いずれの》辺《みつから》定《さだめん》レ此《この》ー身《みを》。

自跋

雲《ウン》菴《ナン》者《ハ》藤《フヂ》原《ハラ》直《ナホ》与《トモノ》別《ベツ》号《ゴウ》也《ナリ》。天《テン》保《ポ》十《ジフ》四《ヨ》年《ネン》癸《キ》卯《バウ》冬《フユ》十《ジフ》月《ゲツ》帰《カエリ》レ自《ヨリ》レ東《トウ》ー勤《キン》就《ツク》邑《ユウニ》。弘《コウ》化《タワ》二《ニ》年《ネン》乙《オツ》己《キ》秋《アキ》八《ハチゲ》月《ワツ》致《チ》仕《シス》。即《スナハチ》有《アリ》レ此《コノ》ー十《ジフ》ー律《リツ》。嘉《カ》永《エイ》二《ニ》年《ネン》巳《キ》酉《イウ》春《ハル》二《ニ》月《グワツ》浄《ジヨウ》書《シヨ》鐫《キザム》レ石《イシニ》。越《コエテ》翼《ヨク》月《ゲツ》二十二日畢《オフ》レ功《コウテ》。建《タツ》二之《コレヲ》肥《ヒ》前《ゼン》蓮《ハス》池《イケ》邑《ユウノ》天《テン》賜《シ》園《エンニ》一。

（鐫字人筒井新吾）

天《てん》賜《し》園《えん》石《せき》門《もん》之《の》銘《めい》

此《この》門《もん》之《の》中《うち》。花《くわ》竹《ちくの》所《ところ》レ叢《あつまゐ》。此《この》門《もん》之《の》外《そと》。遠《えん》山《ざん》長《ちやう》江《こう》。中《うち》者《は》吾《わが》親《しん》。外《そと》者《は》吾《わが》隣《りん》。風《ふう》月《げつ》出《しゆつ》入《にう》。亦《また》是《これ》吾《わが》賓《ひん》。其《その》佗《た》樵《しよう》牧《ぼく》。汗《かん》漫《まん》之《の》属《ぞく》。亦《また》由《よりて》

あとがき

今回の蓮池藩でちょうど十一冊目になりました。六十二歳の時「初期の鍋島佐賀藩」を出してからちょうど二十年がたっていました。県庁に二十二歳から勤務し、五十七歳の時武雄市教育長に招かれ、一期四年勤め退職しました。

当時の石井市長さんから是非もう一期とくどかれましたが断りました。このことが、藩史執筆の糸口になるとは当時全く考えていませんでした。市長さんのことばは大変ありがたく、今でも感謝しておりますが、これ以上役人を続けることに強い抵抗感がありました。何故だかよく分りません。

半年ほど好きな畠仕事に毎日出かけ、何かほっとするような満足感を味わっていました。ちょうどその時大学の後輩が県立図書館長をしており、あてにしていた人が急にこられなくなったので来てくれんかと頼まれました。はっきり言って断りたかった。

いや現実に断ったのですが、深夜いろいろと考えていると、彼の依頼も大変ありがたいことであり、非常勤嘱託という身分なので、何とかやれるかなと考え直しました。

古い男なので時代がかった「義をみてせざるは勇なきなり」とつぶやいて、彼の頼みに応えることにしました。

さて、出勤してみるとこれがなんと「郷土資料室」で全く縁のなかったセクションで「しまった」

と思いました。

今思うと、郷土史の全く門外漢があつかましくも席をあたためていたこと自体不遜なことで汗をかく思いです。

それはそうと私は偉人の伝記などは全く信用しないのですが、何故かというと、全けき人格で何の欠陥もない人として描写されているからです。しかし、佐賀藩の公式年譜は違いました。

あまりに無知で来室される方々に申し訳ない気持がつのり、鍋島藩の歴史を少しばかりかじりはじめました。

第一巻は藩祖といわれる鍋島直茂の話ですが、読み進む中にこれは本物である並の偉人伝ではないと確信したのです。つまり、残された膨《ぼう》大な藩政資料全体に対する強い信頼性が私の中に醸成されたのです。

それでは何故直茂公譜に信頼を得たかということを書きます。

直茂は故あって妻と離縁し、当時独身でしたが、龍造寺に従って転戦する中豪族石井の邸で、同じく夫を亡くしていた陽泰院と出会い再婚を約しますが、ある夜、石井の館に赴くと下人に見つかり、追っ払われる。その時足にケガをするのですがそのことを詳しく書いてある。普通藩祖として神のようにあがめられていた人がその力や滑稽《こっけい》な不始末を明文として残されている姿勢に私は全幅の信頼を持ったのです。

妙なきっかけから私の鍋島藩勉強が始ったことを少し長くなりましたが、述べさせてもらいました。

ともあれ、佐賀新聞社の温い配慮をいただき、十著に及ぶ拙たない本を出版できたことを心から感謝いたします。

最後になりましたが、今回熱心に出版に尽力いただだいた峰松部長さん、大塚寿枝さんに心からお礼申しあげます。

それにつけても、「初期の鍋島佐賀藩」出版以来、拙著の出版にかかわっていただだいた昭和堂のプロモーショナル・マーケター小玉剛之さんに改めて感謝いたします。

資料一覧

○蓮池藩日誌
○雲菴道人《うんなんどうじん》帰田《きでんの》詩碑《しひ》（荷外散人註釈）
○別紙「蓮池藩関係資料」
○蓮池藩歴代藩主
○蓮池藩城下町絵図
○校註葉隠（栗原荒野・青潮社）
○初期の鍋島佐賀藩（田中耕作・佐賀新聞社）
○江戸半ば　〃　（　〃　）
○幕末への序章　〃　（　〃　）
○幕末の　〃　（　〃　）
○小城藩（田中耕作・佐賀新聞社）
○徳川幕府事典（竹内誠編・東京堂出版）
○武江年表（斉藤月岑著・平凡社）
○寛政重修諸家譜
○日本史大辞典（平凡社）

（別紙の内容）

「蓮池藩」関係資料
日記　御代々御記録
日記　史料
藩主　鍋島甲斐守系譜之内御尋ニ付御答書
藩主　龍萃院様御行状略記草書
系譜　服膺
系譜　〔竜造寺鍋島家系〕
系譜　祖宗小傳
系譜　鍋島甲斐守系譜
系譜　祖君碑銘
家督　鍋島熊之助養子一件
法制　直乃公御覚書

著者略歴

田中耕作（たなか・こうさく）
昭和一〇年一〇月三日　台南市生まれ（佐賀県山内町出身）
〃　三三年　三月　佐賀大学文理学部卒業
〃　同　年　五月　佐賀県庁入庁。大阪事務所長、観光課長、工鉱課長、
　　保健環境部次長、商工労働部次長、出納局長、九州陶磁文化
　　館長を経て
平成　五年　四月　武雄市教育長
〃　九年　三月　任期満了にて退任
〃　九年一〇月　県立図書館郷土資料室に嘱託として勤務
〃　十三年　三月　退職
平成九年～平成十九年　佐賀医科大学、佐賀大学医学部「臨床試験審査委員」
同じく平成九年～平成二十四年まで　佐賀県立病院好生館「臨床試験審査委員」
著書に、いずれも佐賀新聞社刊行の
「初期の鍋島佐賀藩」
「江戸半ば鍋島佐賀藩」
「幕末への序章　鍋島佐賀藩」
「幕末の鍋島佐賀藩」
「日峯さん」「中野三代と鍋島宗茂」
「成富兵庫茂安」
「佐賀藩の筆頭支藩　小城藩」
「戦国期の肥前と筑後」
「風の通い路」（自費出版）

蓮池藩

―その領土が多数の地域で構成されたのは?―

平成30年4月8日発行

著　者　田中耕作

発　行　佐賀新聞社

制作販売　佐賀新聞プランニング
〒840-0815 佐賀市天神3－2－23
電話　0952－28－2152（編集部）

印　刷　㈱昭和堂
鍋島町八戸溝1449－2

定価（本体1,200円＋税）